KB103450

세금으로 바라본 세계

저자 배재성

세금으로 바라본 세계

발　　행 ｜ 2023년 4월 21일
저　　자 ｜ 배재성
디 자 인 ｜ 어비, 미드저니
편　　집 ｜ 어비
펴 낸 이 ｜ 송태민
펴 낸 곳 ｜ 열린 인공지능
등　　록 ｜ 2023.03.09(제2023-16호)
주　　소 ｜ 서울특별시 영등포구 영등포로 112
전　　화 ｜ (0505)044-0088
이 메 일 ｜ book@uhbee.net

ISBN ｜ 979-11-93084-40-3

www.OpenAIBooks.shop

ⓒ 열린 인공지능 출판사 2023
본 책은 저작자의 지적 재산으로서 무단 전재와 복제를 금합니다.

세금으로 바라본 세계

저자 배재성

목차

머리말

제1부 고대의 세금
1장 : 고대 이집트 - 파라오의 땅에서의 세금
2장 : 아테네와 누진세의 기원
3장 : 로마 - 공물에서 과세로
4장 : 제국 중국 - 관료적 세금 제도의 기원
5장 : 일본의 조세 - 막부와 사무라이
6장 : 동남아시아 제국 시대의 무역과 세금

제2부 중세시대의 세금
7장 : 봉건주의와 조세 제도
8장 : 마그나 카르타와 영국 귀족에 대한 과세
9장 : 교회에 대한 과세 - 왕과 교황 간의 권력 투쟁
10장 : 세금과 도시의 형성 - 지방세의 등장
11장 : 세금과 전쟁 - 조세를 통한 전쟁자금 조달
12장 : 세금과 무역 - 중상주의와 관세의 등장

제3부 근대 과세 시스템
13장 : 미국 혁명과 보스턴 차 사건
14장 : 프랑스 혁명과 근대 국가의 출현
15장 : 소득세의 발전과 사회에 미치는 영향

16장 : 중국의 세금 - 청나라부터 공산주의까지

17장 : 메이지 유신과 일본의 근대 조세

18장 : 동남아시아 - 식민주의, 독립, 그리고 세금

제4부 오늘날 현대의 조세제도

19장 : 복지 국가 - 스칸디나비아 조세 모델

20장 : 조세와 조세피난처의 세계화

21장 : 탈세 및 부패와의 전쟁

22장 : 디지털 경제와 조세의 도전

23장 : 환경 과세 - 친환경 정책과 탄소 가격 책정

제5부 세금의 미래

24장 : 기술 자동화와 인공 지능의 등장

25장 : 보편적 기본소득과 복지의 미래

26장 : 긱 경제(Gig Economy)와 도전 과제

27장 : 과세와 글로벌 거버넌스 - 국제기구의 역할

제6부 세금과 사회

28장 : 공공재 및 서비스 재원 조달기능

29장 : 소득 불평등과 빈곤에 대한 세금의 역할

30장 : 민주주의 사회와 세금

맺음말

머리말

'세금이 중요한 이유: 사회와 역사에서 세금의 역할'

여러 시대에 걸쳐 사회와 문명을 형성하는 데 중추적인 역할을 해온 세금의 역사를 살펴보는 매혹적인 여정에 오신 것을 환영합니다. 이 여정을 시작하면서 세금이 제국의 흥망성쇠, 전쟁 자금 조달, 국가 건설에 어떤 영향을 미쳤는지 다양한 방식으로 살펴볼 것입니다. 세금의 역할을 이해하지 않고는 인류 사회의 발전을 온전히 이해할 수 없습니다.

세금은 다양한 형태로 수천 년 동안 인류 문명의 일부로 존재해 왔습니다. 세금은 이집트 피라미드와 같은 경외심을 불러일으키는 건축물의 건설을 가능하게 했고 로마의 도로와 수로와 같은 중요한 인프라 프로젝트에 자금을 지원했습니다. 보스턴 티 파티와 프랑스 혁명 같은 역사적 사건에서 알 수 있듯이 세금은 갈등과 사회 불안의 원인이 되기도 했습니다. 세금은 민주주의의 성장과 현대 국가의 등장을 촉진했습니다.

1부에서는 파라오의 땅에서 그리스와 로마의 고전 제국에 이르기까지 고대 문명에서 조세의 기원을 살펴봅니다. 또한 중국과 일본의 관료적 조세 제도의 발전과 동남아시아 제국에서 무역과 조세의 역할에 대해서도 살펴볼 것입니다.

2부에서는 중세 시대로 눈을 돌려 유럽을 형성한 봉건 조세 제도, 마그나 카르타가 영국 귀족에게 미친 영향, 교회에 대한 과세를 둘러싼 왕과 교황 간의 권력 투쟁, 지방세의 등장에 대해 살펴봅니다. 또한 전쟁 자금 조달에서 세금의 역할과 중상주의와 관세의 출현에 대해서도 논의합니다.

3부에서는 미국과 프랑스 혁명에서 세금의 역할, 소득세의 발전, 중국과 일본에서 세금의 진화, 식민주의와 독립이 동남아시아 세금에 미친 영향을 살펴보면서 근대로 넘어갑니다.

4부에서는 현대 세계의 조세를 살펴보며 여정을 이어갑니다. 복지 국가와 스칸디나비아 조세 모델, 조세의 세계화, 탈세, 디지털 경제에 대한 과세의 과제, 환경세의 증가에 대해 논의합니다.

5부에서는 조세와 기술의 교차점, 보편적 기본소득의 잠재력, 긱 경제(Gig Economy)가 조세에 미치는 영향, 글로벌 거버넌스에서 국제기구의 역할을 살펴보며 미래를 전망합니다.

마지막으로 6부에서는 공공재와 서비스 재원 조달에 있어 세금의 역할, 소득 불평등과 빈곤에 대한 세금의 영향, 그리고 민주주의 사회를 형성하는 데 있어 세금의 중요한 역할에 대해 살펴봅니다.

여정을 마무리하면서 역사가 세금에 대해 우리에게 주는 교훈을 되돌아보고 인류 사회의 중요한 측면인 세금의 미래에 대해 생각해 볼 것입니다. 세금의 재미있는 역사를 탐구하면서 세상을 형성한 경제, 정치, 사회 구조 간의 복잡한 상호작용에 대해 더 깊이 이해할 수 있을 것입니다.

지은이 배재성

저자 소개

저자 배재성(BAE JAESEONG)은 새로운 도전을 두려워하지 않고 다양한 사람들과 창의적인 토론을 즐기는 사람입니다. 경북대학교에서 건축학 학사 학위를 취득하였으며, 학사과정 중 일본의 큐슈대학교에서 수학한 경험이 있습니다. 대학졸업 이후에는 미국의 로스앤젤레스, 오스틴 그리고 워싱턴D.C. 등에 거주하며 약 2년간 미국회사(Build Block inc., Procon Enterprise inc. 등)에서 근무한 경험이 있습니다. 당시 부동산 투자회사에서는 자산관리팀 소속으로, 건설회사에서는 견적 및 사업입찰팀 소속으로 근무하였습니다.

국내 귀국 이후에는 ㈜하나자산신탁의 부동산 신탁영업팀 소속으로 근무하며, 실물부동산 시장의 개발 및 자금조달업무를 담당하였습니다. 또한 '세금으로 바라본 세계'라는 책을 단독집필하며 세무업에 있어 전문가로 거듭나기 위한 노력을 하고 있습니다.

저자의 다양한 배경과 경험이 세금의 역사에 대한 이 책에 새로운 관점을 제시할 수 있기를 바랍니다. 사회와 역사에서 세금의 역할을 이해하는 것이 현재와 미래의 성공에 매우 중요하다고 생각하며, 이를 독자분들과 공유할 수 있게 되어 기쁩니다.

제1부 고대의 세금

1장 : 고대 이집트 – 파라오의 땅에서의 세금

세금은 수천 년 동안 인류 사회의 필수적인 요소였으며, 고대 이집트는 세금에 대한 체계적인 접근 방식을 시행한 최초의 문명 중 하나입니다. 수세기에 걸쳐 진화한 이집트의 조세 제도는 고대 세계의 통치, 경제, 사회 간의 복잡한 관계를 흥미롭게 엿볼 수 있게 해줍니다.

비옥한 나일강 계곡에 위치한 고대 이집트는 매년 나일강이 범람하여 농경지에 관개하는 것에 크게 의존하는 농업 강국이었습니다. 이러한 자연적 풍요로움 덕분에 왕국의 국민과 자원에 대한 절대적인 권한을 가진 신적 통치자로 여겨졌던 파라오의 통치 아래 중앙집권적 정부가 발전할 수 있었습니다.

고대 이집트의 세금은 인구의 대부분이 농업 활동에 종사했기 때문에 주로 농업 생산에 초점을 맞추었습니다. 파라오의 행정부는 지역 총독과 지방 관리들의 도움을 받아 국민으로부터 농작물, 가축, 노동력 등의 형태로 세금을 징수하여 국가의 다양한 프로젝트와 이니셔티브를 지원했습니다.

고대 이집트에서 가장 중요한 세금 중 하나는 곡물세로,

농부들의 수확물에 부과되어 국가 곡물 창고를 지원하는 데 사용되었습니다. 이 곡물 창고는 두 가지 용도로 사용되었는데, 국민에게 필요한 시기에 식량을 공급하고 국가에 중요한 수입원을 제공했습니다. 이집트인들은 곡물세 외에도 과일, 채소, 아마 등 다른 농산물에 대해서도 세금을 납부해야 했습니다.

이집트인들은 그 밖에도 다양한 상품과 서비스에 대해서도 세금을 내야 했습니다. 예를 들어 장인은 자신이 생산한 상품에 세금을 부과받았고, 상인은 거래하는 상품에 세금을 부과받았습니다. 어부와 사냥꾼은 어획물에 대해 세금을 내야 했고, 서기관이나 조각가 등 예술에 종사하는 사람들도 과세 대상에서 제외되지 않았습니다.

이집트의 조세 체계는 또한 노동에 기반을 두고 있었으며, 시민들은 세금 납부의 한 형태로 국가에 노동력을 제공해야 했습니다. 코르베로 알려진 이 노동세는 신전, 궁전, 운하, 요새 등 이집트의 방대한 인프라를 건설하고 유지하는 데 사용되었습니다. 고대 이집트에서 코르베 노동의 가장 유명한 예는 수십 년에 걸쳐 수천 명의 노동자가 힘을 합쳐 건설한 기념비적인 성과인 기자의 대피라미드 건설입니다.

고대 이집트의 세금 관리와 징수는 세수를 평가, 징수, 배분하는 복잡한 관료 조직에 의해 감독되었습니다. 서기관은 파피루스 두루마리에 세금 정보를 기록하고 국가 재정을 추적하는 역할을 담당했기 때문에 이 과정에서 중심적인 역할을 담당했습니다. '재무부의 서기관'으로 알려진 세금 징수원은 국민으로부터 세금을 징수하고 이를 적절한 국가 기관에 분배하는 일을 담당했습니다.

이집트 세금 제도의 효율성은 데벤이라는 표준화된 측정 시스템을 사용함으로써 향상되었습니다. 약 91그램에 해당하는 이 무게 단위는 인구가 납부해야 할 세금의 양을 정량화하는 데 사용되어 국가가 세금을 더 쉽게 평가하고 징수할 수 있도록 했습니다.

세금은 고대 이집트 사회의 발전과 유지에 중요한 역할을 했습니다. 세금은 기념비적인 건물을 짓고 강력한 군대를 유지하며 국가를 운영하는 데 필요한 자금을 조달하는 데 사용되었습니다. 또한 세금은 이집트 문화와 사회에서 중심적인 역할을 한 사제직과 종교 기관을 지원하는 데 도움이 되었습니다.

이집트 국가에 대한 세금의 중요성에도 불구하고 탈세와 부패가 드물지 않았음을 시사하는 증거가 있습니다. 무덤과 파피루스 기록에는 납세자가 납세의 의무를 회피하거나 관리가 국가 자금을 횡령한 사례가 드러나 있습니다. 그러나 이집트 정부는 이러한 범죄를 심각하게 받아들이고 탈세자와 부패 공무원을 조사하고 처벌하는 전담 집행 기관을 설립하는 등 탈세와 부패를 방지하기 위한 다양한 조치를 시행했습니다.

고대 이집트에서 세금은 실용적인 목적 외에도 종교적, 상징적 의미를 지니고 있었습니다. 세금을 내는 행위는 왕국의 번영과 안정에 필수적인 우주의 질서와 균형인 마아트의 유지에 기여하는 방법으로 여겨졌습니다. 이집트인들은 납세의 의무를 다함으로써 국가를 지원할 뿐만 아니라 우주의 조화를 유지하는 신성한 과정에 참여한다고 믿었습니다.

파라오는 신성한 통치자이자 신과 백성 사이의 중개자로서 세금을 적절히 징수하고 분배할 책임이 있었습니다. 이러한 책임은 마아트를 유지하는 데 있어 파라오의 역할에 필수적인 요소였으며, 이를 제대로 수행하지 못하면 신의 미움을 받고 사회가 불안해지며 심지어 왕국이 붕괴될 수도 있었습니다. 세금 징수 장면과 백성에게 재화를 분배하는 장면을 묘사한 수많은 비문, 부조 및 기타 예술 작품에서 마아트 유지에 있어 조세가 얼마나 중요한 역할을 했는지를 알 수 있습니다.

이집트의 조세 제도는 훗날 메소포타미아, 그리스, 로마와 같은 다른 고대 문명에서 채택하게 되는 많은 원칙과 관행의 토대를 마련했습니다. 표준화된 측정 시스템의 사용, 정확한 기록 보관의 강조, 세금 징수 및 분배를 관리하는 복잡한 관료제의 확립은 모두 이집트 세금 시스템의 효율성과 효과에 기여했습니다.

또한 국가를 지원하고 사회 질서를 유지하기 위한

수단으로서의 조세 개념은 이후 사회의 거버넌스와 조세 발전에 지속적인 영향을 미치는 중요한 혁신이었습니다. 시민은 조세를 통해 공동선에 기여할 책임이 있고 국가는 이러한 자원을 사회의 이익을 위해 사용해야 할 상호적 의무가 있다는 생각은 전 세계 현대 조세 제도의 근간을 이루는 기본 원칙입니다.

결론적으로 고대 이집트의 조세 제도는 고대 세계의 통치, 경제, 사회 간의 복잡한 관계에 대한 흥미로운 통찰력을 제공합니다. 효율적이고 포괄적인 조세 시스템을 통해 이집트 국가는 다양한 프로젝트와 이니셔티브에 자금을 조달하고 종교 기관을 지원하며 마아트의 조화와 균형을 유지할 수 있었습니다. 고대 이집트의 조세 역사를 살펴봄으로써 현대 조세 제도의 기초를 더 잘 이해하고, 세금이 역사 속에서 인류 사회를 형성하는 데 어떤 역할을 했는지 이해할 수 있습니다.

2장 : 아테네와 누진세의 기원

고대 이집트의 조세 모델과 달리 고대 그리스의 도시 국가 아테네는 여러 면에서 현대 누진세제의 토대를 마련한 조세 제도를 도입했습니다. 아테네 모델은 이집트보다 덜 중앙집권적이고 덜 관료적이었지만 개인의 책임, 사회 정의, 가장 부유한 시민이 더 많은 세금 부담을 부담해야 한다는 원칙을 강조한 것이 특징입니다.

아테네는 기원전 5세기에 번성하고 영향력 있는 도시 국가로, 민주적 제도와 지적 성취, 군사력으로 유명했습니다. 민주주의의 발상지인 아테네는 거버넌스, 금융 및 세금에 대한 혁신적인 접근 방식을 개발하는 중요한 실험실이기도 했습니다. 아테네 제도의 가장 중요한 혁신 중 하나는 시민들이 납부하는 세금이 재산에 직접 비례하는 누진 소득세를 도입한 것이었습니다.

이 누진세 제도는 아테네 사회를 지탱하는 민주적 원칙에 뿌리를 두고 있었습니다. 민주주의 사회에서 시민의 권리와 책임은 분리될 수 없는 것으로 여겨졌고, 납세의 의무는 시민권의 중요한 측면으로 간주되었습니다. 아테네 조세의 누진적 성격은 가장 부유한 시민이 공공재에 더 많은 기여를 하도록 하기 위한 것으로, 이는 그들의 더 큰 지불 능력과 도시 국가의 안정과 번영에 대한 더 큰 지분을 반영하는 것이었습니다.

아테네의 세금 징수는 고도로 분권화된 과정이었으며, 세금 평가와 징수에 대한 책임은 데메라고 하는 지역 공동체에 위임되었습니다. 각 데메는 회원들의 재산을 평가하고 정당한 세금을 납부하도록 하는 책임을 맡았습니다. 이 시스템은 지역 공동체가 구성원들의 규정 준수를 감시하고 집행할 수 있는 좋은 위치에 있었기 때문에 세금 징수에서 높은 수준의 유연성과 대응력을 발휘할 수 있었습니다.

아테네인들은 누진 소득세 외에도 재산세, 상업 거래에 대한 세금, 와인, 석유, 곡물 등 특정 상품에 대한 세금 등 다양한 세금을 부과했습니다. 이러한 세금은 도시 국가를 위한 추가 세수를 확보하고 무역, 투자, 소비를 장려하여 경제 성장과 안정을 도모하기 위한 것이었습니다.

아테네 세금 제도의 가장 큰 특징 중 하나는 부유한 시민이 자비로 수행하는 공공 서비스인 제사라는 개념이었습니다. 전례는 공공 건물에 대한 재정 지원, 종교 축제 후원, 아테네 해군의 군함 장비 및 유지 보수 등 다양한 형태로 이루어질 수 있었습니다. 제사 제도는 부유층으로부터 공동체 전체로 부를 재분배하는 방식이었으며, 아테네 엘리트들 사이에서 사회적 책임과 시민적 미덕의 필수적인 측면으로 여겨졌습니다.

아테네의 누진세 제도에 대한 비판과 논란도 없지 않았습니다. 일부 사람들은 이 제도가 가장 부유한 시민들에게 불균형적인 부담을 지워 본질적으로 불공평하다고 주장했고, 다른 사람들은 세금 징수의 분산된 특성으로 인해 부패와 탈세의 기회가 발생한다고 믿었습니다. 이러한 문제에도 불구하고 아테네의 누진세 모델은 이후 조세 제도에 지속적인 영향을 미쳤으며 오늘날에도 여전히 영향력을 발휘하고 있습니다.

아테네 제도의 유산은 현대의 누진세 발전에서도 찾아볼 수 있습니다. 가장 많이 가진 사람이 사회에 가장 많이 기여해야 한다는 생각은 많은 현대 조세 제도의 초석이며, 아테네의 경험은 이러한 제도를 시행할 때 얻을 수 있는 잠재적 이점과 도전 과제에 대한 귀중한 교훈을 제공합니다.

아테네의 누진세 실험은 자원이 제한적이고 경제가 비교적 단순한 사회에서도 사회 정의와 개인의 책임이라는 원칙을 세금 시스템에 효과적으로 통합할 수 있음을 보여줍니다. 아테네의 조세 역사를 살펴봄으로써 현대 누진세제의 뿌리를 더 잘 이해하고 역사적으로 인류 사회를 형성하는 데 있어 세금이 어떤 역할을 해왔는지 이해할 수 있습니다.

3장 : 로마 - 공물에서 과세로

세금의 역사를 따라가다 보면 역사상 가장 영향력 있고 강력한 문명 중 하나였던 고대 로마에 도달하게 됩니다. 기원전 753년 로마의 건국부터 기원전 476년 서로마 제국의 멸망에 이르기까지, 이 놀라운 사회는 야심찬 군사 작전에 자금을 지원할 뿐만 아니라 광활한 영토와 도심을 지원하는 데 도움이 되는 복잡하고 고도로 조직적인 조세 시스템을 개발했습니다.

초기 로마 공화국은 자원을 확보하는 수단으로 처음에는 재산 몰수, 토지 분배 및 기타 형태의 공물에 의존했습니다. 그러나 로마가 영토를 확장하고 계속 성장하는 제국을 통치하고 재정을 조달해야 하는 복잡한 문제에 직면하면서 보다 체계적이고 공식화된 조세 제도가 필요하게 되었습니다.

로마의 조세 제도는 시간이 지남에 따라 발전했으며 직접세와 간접세의 두 가지 주요 범주로 나눌 수 있습니다. 직접세는 토지와 사람에 부과되는 세금이고, 간접세는 관세와 판매세와 같은 상품과 서비스에 부과되는 세금입니다.

고대 로마의 직접세는 주로 트리붐 솔리라는 토지세의 형태였습니다. 이 세금은 토지의 가치와 농업 생산량을 기준으로 부과되었으며, 지역과 재배 작물의 종류에 따라 달라졌습니다. 부유한 지주는 더 높은 세금을 납부했으며, 비상사태나 전쟁 시에는 세율이 조정될 수 있었습니다.

인두세는 인두세와 유사하게 개인에게 부과되는 또 다른 직접세였습니다. 이 세금은 로마 시민과 비시민 모두에게 부과되었으며 사회적 지위와 재산에 따라 결정되었습니다.

간접세는 로마 경제에서 중요한 역할을 했으며, 관세(포르토리아)가 가장 흔했습니다. 제국으로 들어오고 나가는 물품에는 관세가 부과되었으며, 관세는 제품의 종류와 원산지에 따라 달라졌습니다. 예를 들어 비단, 향신료, 귀금속과 같은 사치품에는 높은 관세가 부과되는 반면, 곡물과 같은 필수품에는 낮은 세율이 적용되었습니다. 이러한 관세는 국가 수입을 창출할 뿐만 아니라 무역을 규제하고 국내 산업을 보호하는 데도 도움이 되었습니다.

또 다른 필수 간접세는 음식, 의류, 오락 등 다양한 상품과 서비스의 판매에 부과되는 판매세(벡티갈)였습니다. 이러한 세금 징수는 세리, 즉 세금 농부가 담당했습니다. 이들은 특정 지역에서 세금을 징수할 수 있는 권리를 구입한 다음 수익금의 일부를 자신들이 가져가고 나머지는 국가에 송금했습니다.

로마 정부는 이러한 세금 외에도 광산, 산림, 채석장 등 공공 토지와 자원에서 세금을 징수했습니다. 이러한 자원은 종종 개인이나 기업에 임대되었는데, 개인이나 기업은 자원을 이용할 수 있는 권리에 대한 대가로 국가에 임대료를 지불했습니다.

고대 로마의 세금 징수는 복잡하고 종종 부패한 일이었습니다.

세금 징수원은 부도덕한 관행으로 악명이 높았고, 세금 부담은 종종 사회의 가난한 계층에 불균형적으로 전가되었습니다. 부패를 방지하고 세금 부담을 보다 공평하게 분배하기 위해 로마 정부는 때때로 인구조사를 실시하여 개인의 재산과 납세 의무를 파악하는 데 도움을 주었습니다.

로마의 조세 제도는 결점이 많았음에도 불구하고 국가 수입을 창출하는 데 매우 효과적이었습니다. 이렇게 걷힌 막대한 세금은 도로, 수로, 공공 건물을 건설하고 로마 군대를 지원하여 제국이 광활한 영토를 유지하고 국경을 지킬 수 있는 자금으로 사용되었습니다.

서로마 제국의 최종적인 쇠퇴와 몰락은 정치적 불안정, 군사적 패배, 경제적 쇠퇴 등 다양한 요인에 기인합니다. 그중에서도 로마 조세 제도의 약화가 중요한 역할을 했습니다. 제국의 국력이 쇠퇴하면서 세수가 줄어들었고, 정부는 인프라, 군사, 사회 서비스를 유지하기 위해 고군분투했습니다.

결론적으로 로마 제국의 정교한 조세 시스템은 광대한 영토를 유지하고 정치 및 경제 발전에 영향을 미치는 데 중요한 역할을 했습니다. 로마는 직접세와 간접세의 조합을 채택함으로써 인프라, 군사 작전, 도시 중심지에 필요한 자금을 성공적으로 조달할 수 있었습니다. 이 시스템에 부패와 불평등과 같은 결함이 없는 것은 아니었지만, 그럼에도 불구하고 제국의 성장과 안정에 중요한 토대를 제공했습니다.

4장 : 제국 중국 – 관료적 세금 제도의 기원

세금의 역사에 대한 탐구를 계속하면서 우리는 매혹적인 중국 제국의 영역에 도달하게 됩니다. 수천 년에 걸친 중국의 풍부하고 다양한 역사 속에서 수많은 왕조가 흥망성쇠를 거듭했으며, 각 왕조는 제국을 유지하고 사회 질서를 유지하며 공공 사업 자금을 조달하는 데 중요한 역할을 하는 복잡한 관료적 세금 제도를 발전시키는 데 기여했습니다.

중국의 관료적 세금 제도의 기원은 기원전 21세기부터 11세기경의 샤 왕조와 상 왕조로 거슬러 올라갑니다. 그러나 지배층이 중앙집권적인 정부를 수립하고, 정교한 토지 소작 제도를 발전시키고, 국가와 지배 엘리트를 지원하기 위해 다양한 세금을 도입하면서 보다 공식화된 세금 구조가 등장하기 시작한 것은 서주 왕조(기원전 1046~771년) 시기였습니다.

중국 제국 세금 제도의 주요 특징 중 하나는 코르베 시스템으로 알려진 토지 기반 세금에 대한 의존도였습니다. 코르베 제도는 일종의 노동세로, 농민은 농사일, 군복무, 건설 프로젝트 등의 형태로 연간 일정 일수의 노동력을 국가에 제공해야 했습니다. 이 제도를 통해 정부는 대규모 상비군이나 광범위한 관료제의 필요성을 최소화하면서 농촌 인구의 생산력을 활용할 수 있었습니다.

코르베 제도 외에도 중국 정부는 농산물, 특히 곡물에 세금을 부과했습니다. 수나라(기원전 581~618년)와 당나라(기원전 618~907년) 왕조에 도입된 '균전제'는 토지와 자원을 보다 공평하게 분배하기 위해 시행되었습니다. 이 제도에 따라 토지는 주기적으로 인구에 재분배되었고, 할당된 토지의 크기와 생산성에 따라 세금이 부과되었습니다. 이 제도는 국가에 안정적인 수입원을 제공했을 뿐만 아니라 소수의 유력 가문이 토지와 부를 축적하는 것을 방지하는 데도 도움이 되었습니다.

무역은 중국 국가의 또 다른 중요한 수입원이었으며, 상인과 상인에게 관세, 시장세, 도로 및 운하 통행료 등 다양한 세금이 부과되었습니다. 수나라 시대에 건설된 대운하는 무역과 운송을 촉진하여 정부가 세금을 징수하고 물품을 보다 효율적으로 운송할 수 있도록 하는 데 중요한 역할을 했습니다.

중국의 관료적 세금 시스템은 기록 보관과 관리에 중점을 두는 것으로 유명합니다. 국가는 토지 소유권, 인구, 세금 납부에 대한 상세한 기록을 유지하여 세법 준수를 감시하고 집행할 수 있었습니다. 유교 고전, 법률, 행정에 대한 지식을 시험하는 황실 시험 제도는 세금 징수 및 국가 행정을 감독하는 교육받은 관료 계층을 만드는 데 도움이 되었습니다.

중국의 조세 제도는 비교적 정교했음에도 불구하고 부패와 비효율성에서 자유롭지 못했습니다. 부유한 지주와 상인들이 정당한 세금을 납부하지 않으려는 탈세는 지속적인 문제였습니다. 이 문제는 많은 세금 징수원이 보수를 제대로 받지 못하고 납세자로부터 뇌물과 추가 납부를 강요하는 경우가 많았기 때문에 더욱 악화되었습니다.

수세기에 걸쳐 중국의 여러 왕조는 이러한 문제를 해결하기 위해 세금 제도를 개혁하려고 시도했으며, 그 성공 정도는 다양했습니다. 예를 들어 송나라(기원전 960~1279년)는 세금 제도를 간소화하고 세율을 단순화하며 세금 징수의 효율성을 개선하는 것을 목표로 일련의 재정 개혁을 도입했습니다. 그러나 이러한 개혁은 고착화된 이해관계와 제국의 거대한 규모와 복잡성으로 인해 종종 무산되었습니다.

결론적으로, 제국 중국의 관료적 조세 제도는 제국의 방대한 규모와 복잡한 행정, 고도의 정치 기술을 반영하는 놀라운 성과였습니다. 중국 국가는 토지 기반 세금, 노동 서비스, 무역 관련 수입의 조합에 의존하여 영토 확장을 지원하고 사회 질서를 유지하며 만리장성 및 대운하 건설과 같은 중요한 공공 사업 프로젝트에 자금을 조달할 수 있었습니다.

5장 : 일본의 조세 - 막부와 사무라이

고대 일본에서는 막부와 사무라이가 일본의 조세 제도 발전에 중심적인 역할을 했습니다. 막부는 12세기부터 19세기까지 일본의 통치 세력이었으며, 사무라이는 막부를 섬기는 전사 계급이었습니다. 일본은 주로 농경 사회였기 때문에 이 시기의 세금 체계는 주로 토지와 농업 생산에 기반을 두었습니다.

일본에서 알려진 최초의 조세 형태는 쌀이 주요 화폐 형태였던 야요이 시대(기원전 300년~기원전 300년)로 거슬러 올라갑니다. 사람들은 쌀의 형태로 세금을 냈고, 이 쌀은 지역 족장이 징수하여 지배층과 국가의 종교 활동을 지원하기 위해 분배되었습니다. 이 제도는 중앙 정부가 보다 공식적인 조세 제도를 확립하기 시작한 아스카 시대(기원 538~710년)까지 계속되었습니다.

나라 시대(기원전 710~794년)와 헤이안 시대(기원전 794~1185년) 동안 일본의 조세 제도는 점점 더 중앙집권화되고 정교해졌습니다. 정부는 경작지를 지역 농부들이 경작하는 구획으로 나누는 코덴(公田) 제도를 도입했습니다. 이 밭에서 수확한 농작물의 일부는 세금으로 징수되어 천황과 조정, 국가의 종교 기관을 지원하는 데 사용되었습니다.

사무라이 계급의 등장과 막부의 성립은 일본의 조세 체계에 큰 변화를 가져왔습니다. 사무라이들이 권력과 영향력을 얻게 되면서, 그들은 자신들이 지배하는 토지를 경작하는 농민들로부터 세금을 징수하기 시작했습니다. 사무라이들은 토지세(넹구), 노동세(요), 군역세(초요) 등 다양한 세금을 징수했습니다. 토지세는 수확량의 일정 비율을 기준으로 부과되었고, 노동세는 농민이 매년 일정 일수의 노동을 사무라이에게 제공해야 했습니다. 군역세는 농부들이 전시 기간 동안 사무라이 군대에 식량과 식량을 공급하도록 의무화했습니다.

가마쿠라 시대(서기 1185~1333년)에는 최초의 막부가 설립되어 조세 제도가 더욱 중앙집권화되고 공식화되었습니다. 막부는 지토 또는 토지 관리인 제도를 도입하여 사무라이에게 농민을 보호하고 질서를 유지하는 대가로 농민으로부터 세금을 징수할 수 있는 권한을 부여했습니다. 지토 제도는 사무라이 계급에게 안정적인 수입원을 제공하고 그들의 권력을 공고히 하는 데 도움이 되었습니다.

무로마치 시대(1336~1573년)에 일본의 세금 제도는 일본의 정치, 경제적 변화에 따라 계속 발전했습니다. 강력한 지역 군벌, 즉 다이묘가 등장하면서 각 다이묘가 자신의 영토 내에서 독자적인 세금 정책을 시행함에 따라 세금 제도가 세분화되었습니다. 다이묘는 세금을 징수하고 질서를 유지하기 위해 사무라이에게 크게 의존했고, 세금 제도에서 사무라이의 역할은 더욱 공고해졌습니다.

도쿠가와 막부(1603~1868년)는 에도 시대라고 알려진 일본의 비교적 평화롭고 안정된 시기의 시작을 알렸습니다. 이 기간 동안 막부는 국가 재정에 대한 통제력을 강화하기 위해 일련의 세금 개혁을 시행했습니다. 가장 중요한 개혁 중 하나는 다이묘가 수도인 에도(지금의 도쿄)와 각자의 영지에서 번갈아 가며 근무하도록 하는 산킨코타이(産琴子臺), 즉 교대 근무제를 도입한 것이었습니다. 이 제도는 다이묘가 막부에 대한 충성심을 유지하고 세금 징수의 중앙 집중화를 촉진하는 데 도움이 되었습니다.

막부는 또한 농지를 측정하고 생산성을 결정하는 켄치라는 토지 조사 시스템을 도입하여 세금을 평가하고 징수하는 방법을 표준화했습니다. 이를 통해 토지세를 보다 정확하고 공평하게 평가할 수 있었습니다. 또한 도쿠가와 막부는 일본 경제가 다각화되고 도시 중심지가 확장됨에 따라 상업과 산업에 대한 새로운 세금을 도입했습니다. 상인과 장인은 소득과 재산에 대해 세금을 납부해야 했으며, 술, 간장, 담배 등 다양한 상품에도 세금이 부과되었습니다.

이러한 개혁에도 불구하고 에도 시대 일본의 조세 제도는 여전히 농업 생산에 기반을 두고 있었습니다. 그 결과 농민들은 계속해서 상당한 세금 부담을 떠안았고, 흉작이나 자연재해가 발생하면 납세 의무를 이행하는 데 어려움을 겪기도 했습니다. 막부는 이러한 어려움에 대응하기 위해 때때로 세금 감면을 제공했지만 이러한 조치는 종종 일시적이었고 농촌 인구의 재정적 부담을 완화하기에는 불충분했습니다.

요약하자면, 막부와 사무라이는 일본의 고대 및 봉건 시대에 일본의 조세 제도 발전에 중요한 역할을 했습니다. 세금 제도는 주로 토지와 농업 생산에 기반을 두었으며, 사무라이는 세금 징수원이자 농민을 보호하는 역할을 했습니다. 이 시스템은 수세기에 걸쳐 다양한 개혁과 적응을 거쳤지만, 여전히 농업 부문에 크게 의존하고 있어 일본의 농촌 지역 사회에 상당한 부담을 주었습니다.

1868년 메이지 유신으로 일본이 근대에 접어들면서 일본의 세금 제도는 급속한 산업화와 경제 근대화에 적응하기 위해 더 많은 변화를 겪었습니다. 이 시기에는 소득, 재산, 소비에 대한 새로운 세금이 도입되고 세금 징수 및 관리를 위한 근대적인 중앙집권적 관료 체제가 확립되었습니다. 이러한 변화는 오늘날 우리가 알고 있는 일본 조세 제도의 토대를 마련하는 동시에 막부와 사무라이가 일본 재정 역사에 미친 지속적인 영향력을 반영합니다.

6장 : 동남아시아 제국 시대의 무역과 세금

동남아시아는 수세기에 걸쳐 수많은 제국과 왕국이 등장하고, 발전하고, 쇠퇴하는 등 길고 복잡한 역사를 가지고 있습니다. 이 지역의 역사를 통틀어 무역과 세금은 이러한 다양한 정치체제의 성장과 번영에 중요한 역할을 해왔습니다. 이 장에서는 스리비자야 제국, 크메르 제국, 마자파힛 제국 등 주목할 만한 사례를 중심으로 제국 시대 동남아시아의 무역과 조세 발전에 대해 살펴봅니다.

7세기에서 13세기 사이에 번성했던 스리비자야 제국은 오늘날 인도네시아의 수마트라 섬에 기반을 둔 해상 제국입니다. 말라카 해협을 따라 위치한 전략적 위치 덕분에 중국, 인도, 중동 사이의 번성하는 무역로를 통제하고 그 혜택을 누릴 수 있었습니다. 스리비자야 제국의 번영은 이러한 무역로를 통제하고 영토를 통과하는 다양한 상품에 세금을 부과할 수 있었던 능력에서 비롯되었습니다. 제국은 향신료, 귀금속, 직물 등 항구를 통해 유입되는 많은 상품에 세금을 부과했습니다.

9세기부터 15세기에 걸친 크메르 제국은 현재의 캄보디아를 중심으로 동남아시아 본토의 대부분을 지배했습니다. 제국의 부는 주로 농업 생산, 특히 정교한 관개 시스템을 사용하여 대규모로 재배한 쌀에 기반을 두고 있었습니다. 크메르 제국의 세금은 주로 농업 생산에 집중되어 있었으며, 농부들은 수확량의 일부를 국가에 기부해야 했습니다. 또한 크메르 제국은 국경 내에서 활동하는 상인들과 상인, 그리고 그 부속 국가들로부터도 세금을 징수했습니다.

13세기와 14세기에 전성기를 누렸던 마자파힛 제국은 현재의 인도네시아에 기반을 두고 지역 전역에 걸친 방대한 무역로 네트워크를 통제했습니다. 스리비자야 제국과 마찬가지로 마자파힛 제국의 부는 이러한 무역로를 통제하고 영토를 통과하는 상품에 세금을 부과하는 능력에 크게 의존했습니다. 제국의 세금 체계는 토지세, 수출입 관세, 다양한 상품과 서비스에 대한 세금 등 광범위한 세금을 포함하는 다양했습니다.

이러한 주요 제국 외에도 동남아시아 전역의 수많은 소규모 왕국과 정치체들도 자체적인 무역 및 조세 시스템을 개발했습니다. 일반적으로 이러한 시스템은 더 큰 제국과 각 제국의 세금 정책에 크게 영향을 받았습니다. 예를 들어, 이 지역의 작은 왕국들은 영토를 통과하는 다양한 상품에 부과되는 무역세뿐만 아니라 유사한 토지세와 농업세 제도를 채택하는 경우가 많았습니다.

지역 전체에 걸쳐 다양한 세금 제도가 존재했지만, 고대 동남아시아의 세금을 특징짓는 몇 가지 공통적인 요소가 있었습니다. 첫째, 이 지역의 세금 제도는 일반적으로 지방 통치자와 관리가 세금을 징수하고 세수를 관리하는 등 분권화되어 있었습니다. 둘째, 세금 제도는 무역과 밀접하게 연관되어 있었으며, 많은 정권이 수입의 상당 부분을 자국 영토를 통과하는 상품에 대한 세금에서 얻었습니다. 마지막으로, 세금 제도는 경제 상황의 변화와 여러 제국과 왕국의 흥망성쇠에 따라 적응적이고 유연하게 진화하는 경우가 많았습니다.

동남아시아가 현대에 접어들면서 이 지역의 세금 제도는 유럽 식민지 세력의 등장과 이후 독립을 위한 투쟁의 영향을 받아 상당한 변화를 겪었습니다. 새로운 세금의 도입과 중앙 집중식 세무 행정의 확립은 과거의 분산된 세금 시스템에서 벗어나는 계기가 되었습니다. 이러한 변화에도 불구하고 제국 시대의 무역과 조세 역사는 계속해서 아태 지역의 재정 정책과 관행을 형성하고 정보를 제공하고 있으며, 역사적으로 무역과 조세, 제국의 성장과 쇠퇴 사이의 복잡한 상호 작용을 이해하는 데 귀중한 교훈을 제공합니다.

결론적으로 제국 시대 동남아시아의 무역과 조세 역사는 다양성과 적응성, 그리고 이 지역의 경제 발전과 밀접한 관련이 있다는 특징이 있습니다. 스리비자야, 크메르, 마자파힛 제국 등 동남아시아에서 흥망성쇠를 거듭한 다양한 제국과 왕국은 각각 고유한 조세 제도를 발전시켰으며, 이는 지역 내 무역 및 상품 이동과 밀접하게 연관되어 있습니다.

이러한 세금 시스템은 제국의 성장과 확장에 필요한 자금을 조달하고 이 지역의 경제적 번영을 뒷받침하는 데 중요한 역할을 했습니다. 고대 동남아시아의 분산된 조세 제도는 유연성과 적응력을 바탕으로 변화하는 경제 상황과 지정학적 지형에 대응할 수 있었습니다.

동남아시아가 현대에 접어들면서 제국 시대의 무역과 조세의 유산은 동남아시아의 재정 정책과 관행의 발전에 계속 영향을 미쳤습니다. 유럽 식민 통치 하에서 새로운 세금이 도입되고 중앙집권적인 조세 행정이 수립되면서 과거의 분산된 시스템에서 벗어나는 계기가 되었습니다. 그러나 이 지역의 무역과 조세 역사에서 얻은 교훈은 무역, 조세, 제국의 흥망성쇠 사이의 복잡한 관계에 대한 귀중한 통찰력을 제공하면서 현대의 정책 결정에 계속 영향을 미치고 있습니다.

세계사라는 넓은 맥락에서 볼 때, 제국 시대 동남아시아의 무역과 세금에 대한 연구는 제국의 성장과 쇠퇴를 이끈 원동력으로서 세금의 중요성과 지역의 경제 발전을 형성하는 데 있어 세금의 중요한 역할을 보여주는 흥미롭고 유익한 사례 연구를 제공합니다. 동남아시아의 무역과 세금의 역사를 살펴봄으로써 세금이 인류의 역사와 전 세계 사회 발전에 어떤 영향을 미쳤는지 더 깊이 이해할 수 있습니다.

제2부 중세시대의 세금

7장 : 봉건주의와 조세제도

중세 유럽의 지배적인 사회, 경제, 정치 체제였던 봉건제는 이 기간 동안 세금을 형성하는 데 중요한 역할을 했습니다. 영주와 가신 간의 위계적 관계 구조가 특징인 봉건제는 보호와 충성을 위해 토지와 노동력의 교환에 크게 의존했습니다. 이 장에서는 봉건 세금 제도의 복잡성과 중세 사회의 광범위한 맥락에서 어떻게 기능했는지 살펴봅니다.

봉건 제도의 핵심은 토지 지대 개념이었고, 왕이 계층 구조의 정점에 있었습니다. 왕은 자신이 가장 신뢰하는 귀족이나 영주에게 영지라고 불리는 토지를 부여했습니다. 영주는 다시 자신의 가신이나 기사에게 더 작은 영지를 부여하고, 이들은 영지 소유에 대한 대가로 군역과 기타 형태의 지원을 제공했습니다. 이러한 복잡한 관계망은 봉건 제도의 근간을 형성하고 세금 부과 및 징수 방식에 영향을 미쳤습니다.

봉건 제도의 주요 세금 형태 중 하나는 영주의 영지에 거주하는 농민이나 농노에게 부과되는 '장원세' 또는 '부과금'이었습니다. 이 농민들은 지주가 아니라 영주의 영지에서 보호와 거주권을 받는 대가로 토지를 경작하는 소작인이었습니다. 영주는 방앗간과 오븐 등 필요한 인프라를 제공했고, 그 대가로 농민은 농작물, 가축, 노동력 등의 형태로 세금을 납부했습니다. 이러한 세금은 영주가 영지를 유지하고 가신들을 부양하는 데 필요한 자원을 제공하기 때문에 영지의 기능에 매우 중요했습니다.

봉건 세금 제도의 또 다른 필수 요소는 가신들이 영주에게 지불하는 일종의 공물인 '기사료'였습니다. 기사세는 영주의 군대에 병사와 말을 제공해야 하는 영주의 의무를 이행하기 위한 일종의 군사세였습니다. 기사세는 현물이나 금전 등 다양한 방법으로 납부할 수 있었지만, 영주가 영지를 방어하고 질서를 유지하는 데 필요한 자원을 확보하는 것이 주된 목적이었습니다.

장원세와 기사비 외에도 봉건 조세 제도의 일부를 구성하는 다양한 세금과 수수료가 있었습니다. 여기에는 군복무 대신 가신이 지불하는 금전적 지불인 "스커티지", 영주의 몸값이나 장남의 기사 작위와 같은 특정 비용을 충당하기 위해 영주의 가신에게 부과하는 특별 세금인 "보조금", 일반적으로 왕이 마을과 도시에 부과하는 귀족이 아닌 신민에게 부과하는 임의적인 세금인 "톨리지"가 포함되었습니다.

봉건적 세금 제도는 특히 집행과 징수 측면에서 문제가 없지 않았습니다. 봉건 제도의 분권화된 특성으로 인해 세금 징수 책임은 지방 관리나 심지어 영주에게까지 넘어가는 경우가 많았습니다. 지방 관리들은 뇌물이나 청탁에 쉽게 흔들릴 수 있고 영주들은 왕국의 안녕보다는 자신의 이익에 더 집중할 수 있기 때문에 이 시스템은 부패와 비효율성을 초래하기 쉬웠습니다. 또한 세금 납부를 기록하고 추적하는 표준화된 시스템이 없었기 때문에 모든 국민이 공평한 몫의 세금을 납부하고 있는지 확인하기 어려웠습니다.

이러한 어려움에도 불구하고 봉건 조세 제도는 중세 사회의 안정과 질서를 유지하는 데 중요한 역할을 했습니다. 영주는 징수한 세금으로 가신과 농노를 보호하고 지원할 수 있었으며 영지에 거주하는 사람들에게 어느 정도의 경제적 안정을 보장할 수 있었습니다. 또한 가신들이 영주와 궁극적으로 왕에게 바치는 공물은 외부 위협으로부터 왕국을 방어하는 데 필요한 군대와 요새 건설에 필요한 자금을 조달하는 데 도움이 되었습니다.

유럽이 중세에서 근대 초기로 넘어가면서 봉건적 세금 제도는 점차 진화하여 보다 중앙집권적이고 효율적인 과세 방식으로 바뀌었습니다. 민족 국가의 등장, 무역의 확대, 보다 정교한 금융 인프라의 발달은 모두 봉건제의 쇠퇴와 변화하는 경제 및 정치 환경에 더 적합한 새로운 세금 제도의 출현에 기여했습니다.

이 시기 조세 체계 변화의 주요 동인 중 하나는 마을과 도시의 성장이었습니다. 도시 중심이 더욱 두드러지면서 전통적인 봉건 세금과는 다른 지방세 및 관세와 같은 자체적인 조세 시스템을 개발했습니다. 또한 이러한 도시 중심지에서 무역과 상업의 중요성이 커지면서 세금 납부를 기록하고 추적하는 더욱 정교한 방법이 개발되어 당국이 규정을 준수하고 부패를 줄일 수 있게 되었습니다.

봉건제의 쇠퇴는 군주의 권력이 커지고 정치 권력이 중앙집권화되면서 더욱 가속화되었습니다. 왕과 왕비는 자신의 권력을 강화하기 위해 세금 징수를 포함한 국가 업무를 전문 행정가와 관료에게 점점 더 의존하게 되었습니다. 이러한 조세 행정의 중앙 집중화는 토지세와 인두세와 같은 보다 표준화되고 효율적인 세금 부과 및 징수 방법의 개발로 이어졌고, 결국 전통적인 봉건 세금을 대체하게 되었습니다.

봉건 조세 제도는 많은 문제점과 비효율성에도 불구하고 중세 유럽의 사회, 경제, 정치 구조를 형성하는 데 중요한 역할을 했습니다. 영주와 가신 간의 위계적 관계와 보호의 대가로 노동력과 자원을 제공해야 하는 농민의 의무는 격동적이고 종종 폭력적인 시대에 어느 정도 안정과 질서를 보장하는 상호 의존 시스템을 만들어 냈습니다.

세금의 역사를 계속 살펴보면서 여러 시대에 걸쳐 세금 정책을 형성한 경제 시스템, 정치 권력, 사회 구조 간의 복잡한 상호 작용을 인식하는 것이 중요합니다. 근대 초기에 봉건주의가 쇠퇴하고 보다 중앙집권적이고 효율적인 조세 제도가 등장하면서 현대 조세 및 재정 정책의 발전의 토대가 마련되었으며, 이는 오늘날에도 계속해서 우리 세계를 형성하고 있습니다.

다음 장에서는 교회에 대한 과세를 둘러싼 왕과 교황 간의 갈등, 마그나 카르타가 영국 귀족의 세금에 미친 영향, 중세 시대의 전쟁과 무역 자금 조달에서 세금의 역할 등 다양한 역사적 맥락에서 세금이 어떻게 진화해왔는지 자세히 살펴볼 것입니다. 이러한 흥미로운 이야기를 살펴보면서 세금이 인류의 역사에 어떤 영향을 미쳤으며 오늘날 우리가 살고 있는 사회를 형성하는 데 어떤 영향을 미쳤는지에 대한 귀중한 통찰력을 발견할 수 있습니다.

8장 : 마그나 카르타와 영국 귀족에 대한 과세

법과 민주주의 역사에서 획기적인 문서인 마그나 카르타는 영국 군주제의 권력을 제한하고 귀족의 권리를 확립하는 데 중요한 역할을 한 것으로 유명합니다. 그러나 가장 중요한 영향 중 하나는 영국 귀족에 대한 과세에 관한 것이었으며, 이는 영국 국가의 발전과 조세 제도의 진화에 지대한 영향을 미쳤습니다.

마그나 카르타의 기원은 왕과 남작 사이의 긴장이 고조되던 존 왕(1199-1216)의 통치 시기로 거슬러 올라갑니다. 존은 군사 작전, 특히 프랑스에서 잃어버린 영토를 되찾으려는 노력에 필요한 자금을 마련하기 위해 귀족을 포함한 신민들에게 무거운 세금을 부과했습니다. 이러한 세금은 종종 자의적이고 변덕스럽고 불합리하게 높았기 때문에 왕의 재정적 요구로 인해 자신의 부와 권력이 약화되는 것을 목격한 남작들 사이에서 불만이 널리 퍼졌습니다.

1215년, 스티븐 랭턴 대주교가 이끄는 남작 그룹은 존 왕과 대면하여 남작의 권리를 보호하고 남작의 동의 없이 세금을 부과할 수 있는 왕의 권한을 제한하는 것을 목표로 하는 '남작의 조항'으로 알려진 요구 목록을 제시했습니다. 잠시 대치한 끝에 존 왕은 이들의 요구에 동의하고 1215년 6월 15일 러니메드에서 마그나 카르타를 봉인했습니다.

마그나 카르타에는 영국 귀족에 대한 과세와 관련된 몇 가지 중요한 조항이 포함되어 있습니다. 예를 들어 12항은 "우리 왕국에서는 일반의 동의 없이는 어떠한 부역이나 원조[세금]도 부과할 수 없다"고 명시하여 귀족에게 왕이 제안하는 새로운 세금을 승인하거나 거부할 수 있는 권한을 사실상 부여했습니다. 이는 왕이 신민에게 세금을 부과할 수 있는 권한을 크게 제한한 것으로, 결국 영국에서 조세에 대한 의회의 통제가 확립되는 긴 과정의 시작을 알린 것입니다.

마그나 카르타의 또 다른 핵심 조항인 14항은 새로운 세금에 대한 귀족의 동의를 얻기 위한 공식적인 메커니즘을 확립했습니다. 이 조항은 왕이 먼저 남작과 다른 저명한 인사들로 구성된 평의회를 소집하여 제안된 세금을 심의하고 승인 또는 거부하도록 규정했습니다. 현대 영국 의회의 전신인 이 의회는 귀족들이 자신들의 우려를 표명하고 새로 획득한 세금 승인 또는 거부 권한을 행사할 수 있는 공론의 장을 제공했습니다.

마그나 카르타가 영국 귀족의 세금에 미친 영향은 광범위하고 오래 지속되었습니다. 마그나 카르타는 피지배자의 동의 없이는 세금을 부과할 수 없다는 원칙을 확립함으로써 영국에서 보다 대표적이고 책임감 있는 조세 제도가 점진적으로 발전하는 발판을 마련했습니다. 그 후 수세기에 걸쳐 과세 권한은 점차 군주제에서 의회로 넘어갔고, 의회는 영국 최고의 입법 기관으로 자리매김 했습니다.

또한 마그나 카르타가 피지배자의 동의와 조세 정책 결정에 있어 협의 과정의 중요성을 강조한 것은 보다 공평하고 투명한 조세 제도를 발전시키는 토대가 되었습니다. 예를 들어, 납세 능력에 따라 과세해야 한다는 개념은 마그나 카르타에서 귀족이 세금 결정에 참여해야 한다고 주장한 데서 그 기원을 찾을 수 있습니다. 이 원칙은 이후 조세 부담을 사회 전체에 보다 공정하게 분배하고자 하는 현대 누진세제의 초석이 되었습니다.

결론적으로 마그나 카르타는 조세 역사에서 중요한 순간이었으며, 특히 영국 귀족에 대한 과세와 관련된 중요한 순간이었습니다. 귀족이 세금을 승인하거나 거부할 수 있는 권리를 확립하고 조세 정책에서 동의와 협의의 중요성을 강조함으로써 영국과 그 밖의 국가에서 보다 대표성 있고 책임감 있으며 공평한 조세 시스템을 개발할 수 있는 발판을 마련한 것이죠. 그 영향은 오늘날에도 전 세계 현대 조세 제도의 근간이 되는 원칙과 관행에서 여전히 느껴집니다.

마그나 카르타가 봉인된 후 수 세기 동안 영국 귀족의 과세 과정에서의 역할은 계속 발전해 왔습니다. 군주제의 권력이 약화되고 의회의 중요성이 커지면서 귀족들은 세금 정책 수립에 있어 점점 더 중요한 목소리를 낼 수 있게 되었습니다. 이러한 권력의 변화는 보다 균형 잡힌 통치 시스템을 구축하는 데 도움이 되었을 뿐만 아니라 보다 정교하고 포괄적인 조세 제도의 성장을 촉진했습니다.

이 시기 영국 귀족에 대한 과세에서 주목할 만한 발전 중 하나는 봉건적 회비와 의무를 보다 표준화되고 공식화된 세금으로 점진적으로 대체한 것입니다. 봉건 제도가 쇠퇴함에 따라 복잡한 상호 관계망 속에서 귀족을 군주제에 묶어두었던 다양한 권리와 의무가 보다 투명하고 성문화된 형태의 세금으로 대체되기 시작했습니다. 이 과정을 통해 세금 체계가 단순화되어 보다 효율적이고 관리하기 쉬워졌으며, 공정성과 예측 가능성도 높아졌습니다.

이 시기의 또 다른 중요한 발전은 부를 재분배하고 사회적 불평등을 해소하기 위한 수단으로서 조세의 중요성에 대한 인식이 높아졌다는 점입니다. 귀족과 나머지 사회 구성원 간의 경제적, 사회적 격차가 점점 더 뚜렷해지면서 보다 진보적이고 재분배적인 조세 체계의 필요성이 더욱 절실해졌습니다. 이러한 인식은 토지세와 상속세 등 귀족의 부와 소득을 겨냥한 세금의 개발로 이어져 모든 사회 계층이 조세 부담을 보다 공평하게 분담할 수 있는 길을 열어주었습니다.

전반적으로 마그나 카타와 이후 영국 귀족에 대한 과세의 진화는 영국뿐만 아니라 전 세계 다른 지역의 조세 제도 발전에 중요한 역할을 했습니다. 조세 정책에서 동의의 원칙과 협의의 중요성을 확립하고 보다 공평하고 투명한 조세 제도를 위한 토대를 마련함으로써 마그나 카타와 그 유산은 조세 역사에 지울 수 없는 흔적을 남겼습니다. 오늘날 세계화, 기술 변화, 소득 불평등 심화라는 도전에 직면한 오늘날에도 마그나 카르타의 교훈과 영국 귀족들의 과세 발전은 그 어느 때보다 적절하고 유익한 교훈으로 남아 있습니다.

9장 : 교회에 대한 과세 - 왕과 교황간의 권력 투쟁

교회와 국가의 관계는 항상 복잡한 관계였으며, 과세는 중세 시대에 왕과 교황 간의 권력 투쟁을 부추긴 문제 중 하나였습니다. 교회는 중세 유럽에서 강력한 기관이었으며 막대한 부와 재산을 보유하고 있었습니다. 교황은 교회의 수장이었으며 기독교 세계의 문제에 상당한 영향력을 행사했습니다. 반면에 왕들은 자신만의 야망을 가지고 자신의 권력과 권위를 높이려고 했습니다.

교회에 대한 과세는 중세 시대에 중요한 문제였으며 교황과 왕 사이의 갈등의 원인이 되었습니다. 교회는 세금을 면제받았고 부와 재산을 축적할 수 있는 다양한 특권을 누렸습니다. 그러나 왕들의 권력이 커지면서 교회에 세금을 부과하고 교회의 영향력을 줄이려고 했습니다. 이로 인해 왕과 교황 사이에 일련의 갈등이 발생했고, 이는 중세 유럽 발전에 큰 영향을 미쳤습니다.

교황은 교회에 세금을 부과하려는 왕들의 시도에 저항했으며, 교회는 영적인 기관이기 때문에 과세 대상에서 제외되어야 한다고 주장했습니다. 또한 교황은 교회의 재산이 종교 및 자선 활동을 유지하는 데 필요하다고 주장했습니다. 반면에 왕들은 교회의 부를 잠재적인 수입원으로 보고 교회가 국가 비용에 기여해야 한다고 주장했습니다.

과세를 둘러싼 교황과 왕 사이의 가장 중요한 갈등 중 하나는 투자 논쟁이었습니다. 이는 주교 임명을 둘러싸고 교황 그레고리 7세와 황제 헨리 4세 사이에 벌어진 갈등이었습니다. 교황은 주교 임명은 영적인 문제이며 교회의 책임이라고 주장했습니다. 그러나 황제는 주교 임명은 세속적인 문제이며 국가 원수로서 자신의 책임이라고 주장했습니다. 이 갈등은 교황과 황제 사이에 일련의 분쟁으로 이어졌고 결국 헨리 4세의 파문으로 이어졌습니다.

과세를 둘러싼 또 다른 중요한 갈등은 잉글랜드의 존 왕과 교황 이노센트 3세 사이의 갈등이었습니다. 존 왕은 남작들에게 인기가 없었고 교회에 세금을 부과하여 세수를 늘리려고 했습니다. 그러나 교황은 이에 반대하여 영국을 금교령으로 지정했고, 이는 교회가 어떤 종교적 서비스도 수행하지 못한다는 것을 의미했습니다. 이는 존 왕에게 엄청난 압력을 가했고 결국 그는 교황의 요구에 동의했습니다. 이 갈등은 왕의 권한을 제한하고 교회가 자의적인 과세의 대상이 되지 않도록 보장하는 마그나 카르타로 이어졌습니다.

결론적으로 교회에 대한 과세는 중세 시대에 중요한 문제였으며, 왕과 교황 사이의 갈등의 원인이 되었습니다. 교황은 교회가 영적 기관이기 때문에 과세 대상에서 제외되어야 한다고 주장한 반면, 왕들은 교회가 국가 비용에 기여해야 한다고 주장했습니다. 이러한 갈등은 중세 유럽의 발전에 큰 영향을 미쳤으며 교회와 국가 간의 관계를 형성했습니다. 세금을 둘러싼 교황과 왕의 갈등은 교회와 국가 관계의 복잡한 성격을 강조하며, 정치 및 경제 문제로서 세금이 얼마나 중요한지를 보여줍니다.

10장 : 세금과 도시의 형성 - 지방세의 등장

중세가 진행되면서 도시는 무역, 상업, 산업의 중심지로 형성되기 시작했습니다. 이러한 도시는 중세 유럽 경제에서 점점 더 중요해졌고, 인구 증가와 인프라 확장을 지원하기 위한 자금이 필요했습니다. 이러한 세수 확보의 필요성으로 인해 도시가 주민들로부터 직접 세금을 징수할 수 있는 지방세가 등장하게 되었습니다.

지방세는 중세 유럽의 대부분을 지배했던 봉건적 조세 체계에서 벗어난 것이었습니다. 봉건제 하에서 영주들은 군역 및 기타 의무의 형태로 신하들로부터 세금을 징수했습니다. 하지만 도시에서는 통치자와 피지배자의 관계가 달랐습니다. 도시의 통치자는 종종 선출직 공무원이거나 더 높은 권위에 의해 임명되었으며, 봉건 영주처럼 백성들을 직접 통제할 수 없었습니다.

가장 초기의 지방세 형태는 재산 소유권을 기반으로 했습니다. 도시는 개인의 재산 가치를 평가하고 그 가치에 따라 세금을 부과했습니다. 이러한 형태의 과세는 비교적 간단하고 직관적이었으며, 복잡한 행정 구조를 만들지 않고도 도시가 세입을 늘릴 수 있었습니다.

그러나 시간이 지남에 따라 지방세는 더욱 복잡해졌습니다. 도시가 성장하고 더 정교해지면서 더 정교한 세금 시스템을 개발하기 시작했습니다. 이러한 시스템에는 판매세와 같은 상품 및 서비스에 대한 세금과 변호사 또는 상인에 대한 세금과 같은 특정 직업에 대한 세금이 포함되는 경우가 많았습니다.

지방세의 가장 중요한 형태 중 하나는 사회적 지위에 따라 도시 거주자에게 부과되는 '부담세'였습니다. 버거는 재산을 소유하고 도시의 정치 및 경제 생활에 참여하는 도시의 중산층 거주자였습니다. 부담세는 종종 중산층이 도시 비용의 공정한 몫을 지불하도록 보장하는 방법으로 간주되었습니다.

그러나 지방세 부과에 논란이 없는 것은 아니었습니다. 도시가 더 많은 권한과 자율성을 얻게 되면서 봉건 영주 및 기타 강력한 이해관계자들과 종종 충돌했습니다. 어떤 경우에는 이러한 갈등이 폭력과 공개적인 반란으로 이어지기도 했습니다. 예를 들어 겐트시는 14세기에 세금 및 정치적 자율성과 관련된 문제로 통치자들과 반란을 일으켰습니다.

이러한 갈등 외에도 지방세는 교회의 도전에 직면하기도 했습니다. 가톨릭 교회는 중세 유럽에서 가장 강력한 기관 중 하나였으며 십일조와 기타 세금의 형태로 자체적인 수입원을 가지고 있었습니다. 도시가 교회나 성직자에게 세금을 부과하려고 시도할 때 종종 교회 계층의 저항에 직면했습니다.

이러한 어려움에도 불구하고 지방세는 중세 유럽의 발전에 중요한 역할을 계속했습니다. 도시에 안정적인 수입원을 제공함으로써 도시가 인프라를 구축하고 인구를 지원하며 무역과 상업의 중심지로서 번창할 수 있었습니다. 또한 향후 수 세기 동안 계속 발전하고 성장할 더욱 복잡하고 다양한 조세 체계를 만드는 데 도움이 되었습니다.

11장 : 세금과 전쟁 – 조세를 통한 전쟁자금 조달

전쟁은 항상 비용이 많이 드는 일이었습니다. 고대 제국 이집트와 로마부터 중세 유럽 왕국에 이르기까지 군대를 지원하고 전쟁 자금을 조달해야 하는 문제는 통치자들에게 끊임없는 과제였습니다. 세금은 전쟁 자금 조달의 핵심 수단이었으며, 세금과 전쟁의 역사는 밀접하게 얽혀 있습니다.

중세 시대에는 전쟁이 빈번하게 발생했기 때문에 통치자들은 군대 자금을 조달하기 위해 신속하게 자금을 조달할 수 있어야 했습니다. 이를 위한 가장 효과적인 방법 중 하나는 세금을 부과하는 것이었습니다. 세금은 일시적 또는 영구적으로 인상될 수 있으며 토지, 상품, 소득 등 다양한 부의 원천에 부과될 수 있었습니다.

예를 들어, 영국에서는 왕이 군복무를 원하지 않는 기사에게 부과하는 부역세 등 다양한 세금을 통해 전쟁 자금을 조달할 수 있었습니다. 왕은 징수한 돈을 용병을 고용하거나 기타 전쟁 관련 비용을 지불하는 데 사용할 수 있었습니다. 마찬가지로 프랑스에서는 12세기에 전쟁 재원 마련을 위해 테일세가 도입되었습니다. 이 세금은 귀족이 아닌 모든 사람에게 부과되었으며, 프랑스 왕실의 가장 중요한 수입원 중 하나가 되었습니다.

하지만 세금과 전쟁의 관계가 항상 순탄했던 것은 아닙니다.

세금은 인기가 없었고, 많은 사람들이 지지하지도 않는 전쟁을 위해 세금을 내야 한다는 부담에 분개했습니다. 세금에 대한 반란은 드물지 않았고, 때로는 전면적인 반란으로 확대되기도 했습니다.

영국과 프랑스 간의 백년전쟁은 세금이 어떻게 불안을 초래할 수 있는지를 보여주는 좋은 예입니다. 이 전쟁에서 양측은 군대 자금을 조달하기 위해 세금을 인상했지만, 세금을 내야 하는 국민들은 세금을 싫어하는 경우가 많았습니다. 영국에서는 1381년 인두세로 인해 전쟁 비용을 충당하기 위해 부과된 높은 세금이 촉발한 광범위한 봉기가 농민 반란으로 이어졌습니다.

그러나 세금과 전쟁의 관계는 단순히 세수 확보의 문제만이 아니었습니다. 세금은 그 자체로 전쟁의 도구로 사용되기도 했습니다. 예를 들어, 14세기 영국 왕 에드워드 3세는 영국 양모의 주요 시장 중 하나였던 플랑드르로의 양모 수출에 세금을 부과했습니다. 이 세금은 플랑드르 경제를 약화시키고 플랑드르의 동맹국이었던 프랑스 왕의 힘을 약화시키기 위해 고안되었습니다. 이 세금은 플랑드르 경제에 치명적인 영향을 미쳤고 백년전쟁이 발발하는 데 기여했습니다.

세금과 전쟁은 유럽 군주들만의 문제가 아니었습니다. 중국에서는 7세기부터 10세기까지 지속된 당나라의 성공에 세금이 핵심적인 역할을 했습니다. 당 왕조는 세금과 징병 제도를 통해 잘 훈련된 대규모 군대를 양성할 수 있었습니다.

당나라 정부는 토지에 세금을 부과하고 모든 남성 농민에게 일정 기간 동안 군대에 복무하도록 요구했습니다. 이 제도는 당시 세계에서 가장 강력한 군대 중 하나였던 당나라 군대를 지원하기 위한 안정적인 수입과 병력을 확보할 수 있었습니다.

일본에서도 세금과 전쟁은 밀접한 관련이 있었습니다. 봉건 시대에는 사무라이 계급이 지배적인 군사 세력으로 부상했고, 이들의 활동을 지원하기 위해 조세 제도가 개혁되었습니다. 일본의 실질적 통치자였던 쇼군은 토지의 생산성을 기준으로 토지에 세금을 부과했습니다. 세수는 성곽과 기타 요새 건설에 필요한 자금과 사무라이의 봉급을 지급하는 데 사용되었습니다.

세금과 전쟁은 현대에도 계속해서 중요한 이슈였습니다. 예를 들어, 미국 독립 혁명은 부분적으로는 식민지 주민들의 분노에서 촉발되었습니다. 로마 제국의 멸망 이후 유럽은 불안정과 갈등의 시기를 경험했습니다. 이러한 상황에서 전쟁은 일상적인 삶의 현실이 되었고, 당시의 다양한 분쟁에 참전하는 군대에 자금을 지원하는 것은 당시 통치자들에게 항상 존재하는 과제였습니다. 이 문제를 해결하는 한 가지 방법은 세금을 군사 활동에 필요한 재원을 마련하는 수단으로 사용하는 것이었습니다.

중세 시대는 사회적, 경제적, 정치적 변화가 심했던 시기였습니다. 유럽 사회는 중세 초기의 격변에서 서서히 벗어나면서 새로운 형태의 통치, 경제 시스템, 사회 규범을 채택하기 시작했습니다. 이 시대의 가장 중요한 발전 중 하나는 영주와 신하가 토지와 보호를 대가로 서로에게 충성을 맹세하는 봉건 제도의 등장이었습니다.

이 체제에서 왕은 최고의 봉건 영주였으며, 그의 가신들은 토지를 받는 대가로 군대를 제공해야 했습니다. 그러나 상비군을 유지하는 데는 많은 비용이 들었고, 왕은 신하들의 봉사에만 의존할 수 없었습니다. 군대 창설과 유지에 필요한 자금을 조달하기 위해 중세 왕들은 세금으로 눈을 돌렸습니다.

처음에 중세의 세금은 비교적 임시방편적으로 부과되었습니다. 왕은 자금이 필요할 때 영주들에게 자금을 요청했습니다. 그러나 전쟁이 빈번해지면서 이러한 임시방편적인 시스템은 부적절한 것으로 판명되었습니다. 왕들은 군대에 자금을 조달하기 위해 보다 일관되고 안정적인 수입원이 필요했고, 세금은 이를 달성하기 위한 필수적인 도구가 되었습니다.

중세 왕들이 과세와 관련하여 직면한 가장 중요한 문제 중 하나는 신하들의 저항이었습니다. 중세 초기에는 많은 농민과 평민들이 지역 영주에게 조공을 바치는 데는 익숙했지만 왕에게 세금을 내는 데는 저항하는 경우가 많았습니다. 따라서 왕은 백성들이 세금을 더 잘 납득할 수 있는 방법을 찾아야 했습니다.

한 가지 방법은 세금을 국방이라는 개념과 연결시키는

것이었습니다. 외부의 위협으로부터 왕국을 보호하기 위한 수단으로 세금을 구성함으로써 왕들은 조세 정책에 대한 더 많은 지지를 이끌어낼 수 있었습니다. 또한 일부 왕은 신하들이 세금을 준수하는 대가로 양보를 제공하기도 했습니다. 예를 들어, 왕은 다른 사람들의 지지를 받는 대가로 과세 범위를 제한하거나 특정 그룹의 사람들에게 세금을 면제하는 데 동의할 수 있습니다.

교회는 중세 조세 제도에서 또 다른 중요한 역할을 했습니다. 가톨릭 교회는 중세 시대에 막강한 권력을 휘둘렀고, 많은 왕들이 세금 문제로 교회와 갈등을 겪었습니다. 왕과 교황 간의 가장 중요한 분쟁 중 하나는 왕이 주교와 다른 교회 관리들을 임명할 수 있는 평신도 투자 관행에 관한 것이었습니다.

중세 초기에 많은 왕들은 교회와 재정에 대한 통제권을 행사하기 위한 수단으로 평신도 투자를 사용했습니다. 그러나 교회의 힘이 커지면서 교황들은 이러한 관행이 자신의 권위를 침해한다고 주장하며 저항하기 시작했습니다. 이러한 갈등은 11세기와 12세기에 교황 그레고리 7세와 신성로마제국 황제 헨리 4세 사이의 권력 다툼인 '수사 논쟁'으로 정점에 달했습니다.

논쟁의 핵심은 세금 문제였습니다. 교황은 교회가 세속 당국의 과세 대상에서 제외되어야 한다고 주장한 반면, 국왕은 교회에 과세할 권리가 있다고 주장했습니다. 이 갈등은 결국 1122년 교회가 세속 당국의 간섭 없이 자체적으로 관리들을 임명할 수 있는 권한을 부여한 웜스 공의회로 교회에 유리한 방향으로 해결되었습니다.

그러나 이러한 승리에도 불구하고 왕과 교회의 관계는 여전히 논쟁의 여지가 많았으며, 중세 시대 내내 과세를 둘러싼 갈등이 계속되었습니다. 어떤 경우에는 왕이 교회에 직접 세금을 부과하려 했고, 어떤 경우에는 교회가 재산을 소유하거나 특정 활동에 참여할 수 있는 능력을 제한하여 교회의 권한을 제한하려 했습니다. 전자의 한 예로 1188년 영국의 헨리 2세 왕이 3차 십자군 전쟁에 필요한 재원을 마련하기 위해 부과한 살라딘 십일조를 들 수 있습니다. 이 세금은 교회를 포함한 모든 평신도와 성직자에게 부과되었는데, 이는 매우 이례적인 조치였습니다. 살라딘 십일조는 교회 내 많은 사람들이 왕이 성직자에게 직접 세금을 부과하는 것은 부적절하다고 생각했기 때문에 논란의 여지가 있었습니다. 그러나 결국 세금은 징수되었고 그 돈은 십자군 전쟁 자금으로 사용되었습니다.

왕과 교회 간의 갈등의 또 다른 예는 교회가 세금을 면제할 권리를 둘러싼 분쟁이었습니다. 교회는 성직자와 재산에 대한 세금을 면제할 권리를 주장했고, 많은 왕들은 이를 신민에게 세금을 부과할 수 있는 권한을 침해하는 것으로 간주했습니다. 이러한 갈등은 특히 교황 과세 문제로 교황 보니파체 8세와 충돌한 프랑스 국왕 필립 4세 때 극심했습니다. 필립 4세는 교회도 다른 모든 사람들과 동일한 세금을 내야 한다고 믿었지만 보니파체 8세는 교회는 세속적 과세 대상에서 제외되어야 한다고 주장했습니다.

필립 4세와 보니파체 8세 사이의 논쟁은 1302년 교황이 국가에 대한 교회의 우월성을 주장하는 교황 교서 우남 상탐(Unam Sanctam)을 발표하면서 정점에 달했습니다. 필립 4세는 이 선언을 자신의 권위에 대한 직접적인 도전으로 간주하고 보니파체 8세를 체포하여 투옥하는 것으로 대응했습니다. 보니파체 8세는 결국 석방되었지만 교회와 국가 간의 갈등은 계속되었고, 양쪽 모두 세금을 무기로 삼아 권력 투쟁을 벌였습니다.

전반적으로 왕과 교회의 관계는 중세 유럽의 특징 중 하나였으며, 세금은 이러한 관계를 형성하는 데 결정적인 역할을 했습니다. 왕은 교회에 대한 자신의 권위를 주장하기 위한 수단으로 세금을 사용하려 했지만, 교회는 이에 저항하며 자율성과 독립성을 유지하기 위해 싸웠습니다. 과세를 둘러싼 이러한 투쟁은 중세 유럽의 정치 및 사회사에서 가장 중요한 요소 중 하나였으며, 그 유산은 오늘날에도 국가와 종교 기관 간의 관계에서 여전히 볼 수 있습니다.

12장 : 세금과 무역 – 중상주의와 관세의 등장

중세 말기에 유럽에서는 무역과 상업이 호황을 누렸고, 통치자들은 이러한 활동에서 세금을 거둬들일 수 있는 잠재력을 발견하기 시작했습니다. 이로 인해 관세, 보조금 및 기타 조치를 통해 수출을 촉진하고 수입을 제한하여 국가의 부와 권력을 늘리는 것을 목표로 하는 경제 정책 시스템인 중상주의가 등장하게 되었습니다.

중상주의의 주요 특징 중 하나는 국내 산업을 보호하고 수출을 장려하기 위해 수입품에 대한 관세 또는 세금을 사용하는 것이었습니다. 외국 제품을 더 비싸게 만들면 국내 생산자가 자국 제품을 더 높은 가격에 판매할 수 있어 수익이 증가하고 국가 경제 전체에 도움이 된다는 논리가였습니다. 그러나 실제로 관세는 종종 다른 국가의 보복으로 이어져 무역과 전체 경제에 타격을 줄 수 있었습니다.

중상주의의 또 다른 측면은 특정 산업의 성장을 촉진하기 위해 보조금 또는 재정적 인센티브를 사용하는 것이었습니다. 예를 들어, 한 통치자가 직물 생산을 장려하기 위해 보조금을 지급하고 이를 수출하여 왕국에 더 많은 수입을 가져올 수 있습니다. 그러나 이러한 접근 방식은 장점이나 시장 수요에 기반하기보다는 선호하는 산업이나 개인에게 보조금이 지급되는 경우가 많기 때문에 비효율성과 부패를 초래할 수도 있습니다.

이러한 단점에도 불구하고 중상주의는 16세기부터 18세기까지 유럽에서 국가들이 무역과 식민지 개척을 통해 권력과 부를 놓고 경쟁하면서 지배적인 경제 시스템이 되었습니다. 대서양 노예 무역의 보편화와 아메리카 대륙과 다른 지역의 식민지 착취는 유럽 열강들이 해외 영토에서 가능한 한 많은 부를 추출하려고 노력하면서 중상주의의 성장을 촉진했습니다.

그러나 무역 장벽과 보호주의가 경쟁과 혁신을 억압하면서 중상주의의 한계는 결국 분명해졌습니다. 18세기와 19세기에는 자유무역과 개방된 시장이 경제 성장과 번영의 열쇠라고 주장한 애덤 스미스의 국부론과 같은 새로운 경제 이론이 등장했습니다.

그럼에도 불구하고 중상주의의 유산은 오늘날에도 일부 국가의 관세 및 기타 무역 제한과 경제 발전을 촉진하기 위한 정부의 역할에 대한 논쟁에서 여전히 볼 수 있습니다. 세계화와 기술 변화가 세계 경제를 계속 재편함에 따라 국내 산업과 소비자의 이익과 글로벌 시장의 이익을 어떻게 조화시킬 것인가 하는 문제는 정책 입안자들의 핵심 과제로 남아 있습니다.

결론적으로, 중세 중상주의의 등장은 통치자들이 세금과 보조금을 사용하여 경제 성장을 촉진하고 권력과 부를 늘리려 했던 조세 및 무역의 역사에서 중요한 발전이었습니다. 중상주의는 장점도 있었지만 무역 장벽과 비효율성 등 심각한 단점도 있었습니다. 오늘날 각국이 세계화와 기술 변화의 도전에 맞서 싸우는 가운데 중상주의의 유산은 경제 정책 논쟁을 계속 형성하고 있습니다.

제3부 근대 과세 시스템

13장 : 미국 혁명과 보스턴 차 사건

미국 혁명은 종종 "대표 없이는 과세할 수 없다"라는 문구와 연관되어 있습니다. 이 원칙은 영국 정부가 식민지 주민의 동의 없이 미국 식민지에 세금을 부과할 권리가 없으며, 식민지 주민은 영국 시민과 동등한 권리를 누릴 자격이 있다는 신념에 기초했습니다.

영국 정부는 1754년에서 1763년 사이에 벌어진 프랑스와 인도 전쟁의 비용을 충당하기 위해 식민지에 일련의 세금을 부과했습니다. 이러한 세금에는 식민지로 수입되는 설탕 및 기타 상품에 관세를 부과하는 1764년 설탕법과 모든 법률 문서, 신문, 팸플릿을 세금 부과 대상인 인지 용지에 인쇄하도록 하는 1765년 인지법이 포함되었습니다.

식민지 주민들은 이러한 세금에 항의와 불매 운동으로 대응했고, 결국 영국 정부는 인지법을 폐지했습니다. 그러나 식민지로 수입되는 유리, 납, 페인트, 종이, 차에 관세를 부과하는 1767년 타운센드법 등 식민지에 대한 세금은 계속 부과되었습니다.

이러한 세금에 반대하는 가장 유명한 시위는 1773년 보스턴 티 파티였습니다. 이 사건은 영국 동인도회사가 식민지 내 차 판매를 독점하고 차에 세금을 부과한 1773년 차법에 항의하기 위해 아메리카 원주민으로 위장한 식민지 주민들이 보스턴 항구에 있던 영국 선박 3척에 탑승하여 300여 개의 차 상자를 바다에 버린 사건입니다.

영국 정부는 보스턴 차 파티에 대해 보스턴 항구를 폐쇄하고 매사추세츠 식민지를 군사 통치하에 두는 1774년 강압법을 포함한 일련의 징벌적 조치로 대응했습니다. 이러한 조치는 식민지와 영국 사이의 긴장을 더욱 고조시켰고, 결국 1775년 미국 독립혁명이 발발하게 되었습니다.

이 혁명은 독립을 위한 투쟁이었을 뿐만 아니라 대표성 없는 과세에 대한 투쟁이기도 했습니다. 식민지 주민들은 자신들에게 부과되는 세금을 결정할 권리가 있으며, 영국 정부는 자신들의 동의 없이 세금을 부과할 권리가 없다고 믿었습니다.

미국 독립 혁명은 전 세계에 큰 영향을 미쳤으며, 다른 독립 및 민주주의 운동에 영감을 주었습니다. 또한 미국의 조세 발전에도 지속적인 영향을 미쳤으며, 대표 없는 과세 금지와 제한된 정부라는 원칙은 오늘날까지 조세 정책을 형성하는 데 영향을 미치고 있습니다.

결론적으로 미국 독립혁명과 보스턴 티 파티는 조세 역사에서 중요한 순간이었습니다. 이 두 사건은 과세에서 대표성의 중요성과 정부 정책을 형성하는 데 있어 대중의 항의가 얼마나 강력한 힘을 발휘하는지 보여주었습니다. 이러한 원칙은 오늘날에도 전 세계 정부가 세수 확보의 필요성과 과세의 공정성 및 투명성에 대한 시민의 요구 사이에서 균형을 잡아야 하는 과제를 안고 있는 상황에서 계속 유효합니다.

14장 : 프랑스 혁명과 근대 국가의 출현

프랑스 혁명은 근대사에서 중요한 순간이었으며, 프랑스 혁명으로 이어진 사건에서 세금은 중요한 역할을 했습니다. 프랑스 국가는 오랜 군사 분쟁의 역사, 왕정의 방만한 지출, 하층민에게 불공평한 부담을 주는 퇴행적 조세 제도 등 여러 가지 요인으로 인해 재정 위기에 직면했습니다. 위기가 심화됨에 따라 정부는 세수 확보 수단으로 점점 더 세금에 의존하게 되었고, 이는 사회적 긴장을 악화시키고 결국 혁명으로 이어진 불안에 기여했습니다.

프랑스 혁명으로 이어진 주요 요인 중 하나는 혁명 이전에 프랑스에 존재했던 퇴행적 조세 제도였습니다. 이 제도 하에서 하층 계급은 광범위한 세금을 부과받는 반면 귀족과 성직자는 대부분 세금을 면제받았습니다. 이로 인해 조세 체계에 심각한 불균형이 발생했고 하층 계급에게 불공평한 부담이 가해졌습니다. 또한 과세 대상 지역과 재화의 종류에 따라 다양한 세율이 부과되는 등 세금 체계가 매우 복잡하고 비효율적이었습니다. 이러한 복잡성은 시스템을 관리하기 어렵게 만들었고 광범위한 부패와 남용의 원인이 되었습니다.

혁명으로 이어진 몇 년 동안 프랑스의 재정 위기가 심화되면서 정부는 점점 더 세수를 늘리기 위한 수단으로 조세에 의존하게 되었습니다. 그러나 정부는 기존 조세 제도를 더 공정하고 효율적으로 개혁하기보다는 단순히 기존 세금의 세율을 인상하고 다양한 상품과 활동에 새로운 세금을 부과했습니다. 이는 사회적 긴장을 악화시키고 불안을 가중시켜 결국 혁명으로 이어졌습니다.

프랑스 혁명에 기여한 세금의 가장 유명한 사례 중 하나는 1789년에 부과된 소금에 대한 세금입니다. 소금은 필수 생필품이었고 하층 계급이 대량으로 사용했기 때문에 소금에 대한 세금은 특히 부담스러웠습니다. 또한 하층 계급이 귀족이나 성직자보다 훨씬 더 높은 세율을 적용받는 등 역진적인 세금이기도 했습니다. 소금세는 기존 조세 제도의 불공평함을 상징하는 상징이 되었고, 혁명가들을 결집시키는 구호가 되었습니다.

세금 제도는 1789년 7월 14일 바스티유의 습격으로 이어진 사건에서도 중요한 역할을 했습니다. 바스티유 감옥은 왕권의 상징으로 정치적 반체제 인사들을 투옥하는 데 사용되었습니다. 하지만 당시 프랑스가 벌인 군사 작전에 필수적이었던 대량의 화약을 저장하는 데도 사용되었습니다. 왕이 혁명을 진압하기 위해 화약을 사용할 계획이라는 소문이 퍼지기 시작하자 파리 시민들은 봉기하여 바스티유를 습격했습니다. 바스티유 성당 습격은 혁명의 전환점이었고 구 정권의 종말을 알리는 신호탄이었습니다.

프랑스 혁명은 세계 역사에 지대한 영향을 미쳤으며, 혁명에 있어 조세의 역할은 사회와 정치를 형성하는 데 있어 세금이 얼마나 큰 힘을 발휘할 수 있는지를 일깨워 줍니다. 프랑스 대혁명은 궁극적으로 프랑스에 보다 공정하고 효율적인 세금 시스템을 갖춘 보다 근대적이고 민주적인 국가를 탄생시켰습니다. 그러나 수많은 인명 손실과 향후 수십 년간 유럽을 불안정하게 만드는 등 막대한 대가를 치르기도 했습니다.

프랑스 혁명 기간 동안 프랑스 국민은 군주제를 타도하고 자유, 평등, 박애의 원칙을 바탕으로 공화정을 수립했습니다. 혁명은 막대한 특권을 누리고 세금을 거의 내지 않는 귀족에 대한 깊은 분노와 서민들이 국가 재정의 부담을 떠안는 것에 대한 반감에서 비롯되었습니다.

혁명가들은 능력주의와 사회적 이동성에 기반한 새로운 사회를 만들기로 결심했고, 세금을 이 목표를 달성하기 위한 핵심 도구로 여겼습니다. 새 정부는 낡은 봉건적 세금 제도를 폐지하고 평등과 비례에 기반한 새로운 세금 제도를 수립했습니다. 이 새로운 세금 제도는 모든 시민이 사회적 지위에 관계없이 공평한 몫을 부담하도록 설계되었습니다.

프랑스 혁명이 가져온 가장 중요한 변화 중 하나는 소득세의 도입이었습니다. 1791년 프랑스 정부는 소득세를 도입하여 프랑스를 세계 최초로 소득세를 도입한 국가 중 하나로 만들었습니다. 이 세금은 재산에 관계없이 모든 국민에게 부과되었으며, 국가의 세수를 늘리고 사회적 평등을 증진하기 위해 고안되었습니다.

소득세 도입은 논란의 여지가 많았고 부유층으로부터 저항에 부딪혔습니다. 그러나 많은 사람들은 조세 부담을 사회 모든 계층이 공평하게 분담하기 위해 필요한 조치로 여겼습니다.

프랑스 혁명은 사회에서 국가의 역할에도 큰 영향을 미쳤습니다. 새로운 정부는 공익을 증진하고 시민의 복지를 보장할 책임이 있다고 생각했습니다. 이러한 목표를 달성하기 위해 정부는 권한을 확대하고 공교육, 의료, 사회 복지 제공 등 새로운 책임을 맡았습니다.

프랑스 대혁명 기간 동안 프랑스의 근대 국가로의 발전은 세금에 중요한 영향을 미쳤습니다. 국가의 역할이 확대됨에 따라 더 많은 세수를 확보해야 했고, 이를 위해 다양한 상품과 서비스에 대한 세금을 인상했습니다. 여기에는 사치품, 부동산, 심지어 창문에 대한 세금도 포함되었습니다.

하지만 새로운 세금 체계에 결함이 없는 것은 아니었습니다. 세금 부담은 부유층처럼 세금을 피할 수 없었던 하층민에게 불균형적으로 돌아갔습니다. 이로 인해 정부의 조세 정책에 대한 불만과 시위가 광범위하게 일어났습니다.

전반적으로 프랑스 혁명은 세금의 역사에 큰 영향을 미쳤습니다. 프랑스 혁명은 사회적 평등과 공익 증진을 위한 국가의 역할에 대한 새로운 아이디어를 도입했습니다. 또한 세금 부과 방식에 큰 변화를 가져와 소득과 비례에 기반한 보다 누진적인 시스템으로 나아갔습니다. 그러나 이 혁명은 모든 사회 구성원에게 동등하게 혜택을 주는 공정하고 효과적인 조세 제도를 구현하는 데 따르는 어려움도 부각시켰습니다.

15장 : 소득세의 발전과 사회에 미치는 영향

소득세는 개인과 기업이 벌어들인 소득에 따라 과세하는 세금의 한 형태입니다. 소득세는 18세기 말과 19세기 초에 시작된 비교적 현대적인 과세 형태입니다.

소득세를 처음 제안한 사람 중 한 명은 나폴레옹 전쟁 당시 영국 수상이었던 윌리엄 피트 영(William Pitt the Younger)이었습니다. 피트는 1798년 프랑스와의 전쟁 자금을 마련하기 위해 소득세를 제안했습니다. 이 세금은 처음에는 사생활 침해와 중산층에 대한 잠재적 부담으로 여겨지는 영국 대중의 저항에 부딪혔습니다. 하지만 결국 1803년에 법안이 통과되었고, 1816년에 폐지될 때까지 유효하게 유지되었습니다.

미국에서 소득세는 남북전쟁 당시 전쟁 자금 조달을 위한 세수 확보 방안으로 처음 도입되었습니다. 처음에는 800달러 이상의 소득에 대해 3%의 고정 세율이 적용되었으며, 개인과 기업 모두에 적용되었습니다. 이 세금은 1872년에 폐지되었지만 1894년에 2%에서 4%의 세율로 다시 도입되었습니다. 그러나 대법원은 1895년 이 세금이 직접세를 각 주에 배분해야 한다는 헌법의 규정을 위반했다는 이유로 위헌이라고 선언했습니다.

1913년 미국 헌법 제16차 수정안이 비준되면서 의회는 주별로 소득을 배분하지 않고 과세할 수 있는 권한을 갖게 되었습니다. 이를 통해 누진세율 구조를 기반으로 하는 현대 미국 소득세 제도의 토대가 마련되었습니다. 이 제도에 따라 개인과 기업은 소득에 따라 세금이 부과되며, 고소득자는 소득의 더 높은 비율을 세금으로 납부합니다.

소득세가 사회에 미치는 영향은 상당했습니다. 한편으로 소득세를 통해 정부는 사회 프로그램, 인프라, 기타 사회 전체에 혜택을 주는 공공재와 서비스에 자금을 조달할 수 있었습니다. 또한 고소득층에서 저소득층으로 부를 재분배함으로써 소득 불평등을 줄이는 데도 도움이 되었습니다. 반면에 소득세는 그 복잡성, 정부의 남용 가능성, 경제 성장과 일자리 창출에 미치는 영향 등으로 인해 비판을 받아왔습니다.

소득세를 둘러싼 주요 논쟁 중 하나는 적절한 과세 수준입니다. 증세를 지지하는 사람들은 사회 프로그램에 자금을 지원하고 소득 불평등을 줄이기 위해 증세가 필요하다고 주장하는 반면, 반대하는 사람들은 높은 세금이 근로와 투자에 대한 인센티브가 되지 않으며 경제 침체를 초래할 수 있다고 주장합니다. 적절한 세금 수준은 국가의 경제 및 사회적 목표, 경제 발전 수준, 부와 소득의 분배 등 다양한 요인에 따라 달라지는 복잡하고 논쟁의 여지가 있는 문제입니다.

또 다른 논쟁의 영역은 소득세가 사회 내 다양한 집단에 미치는 영향입니다. 일부에서는 소득세가 불균형적으로 많은 세금을 부담하는 고소득층에게 불공평하다고 주장하는 반면, 다른 사람들은 소득이 낮은 사람들이 소득의 더 많은 비율을 세금으로 납부하는 등 세금 제도가 퇴행적이라고 주장합니다. 소득세가 경제적 이동성과 개인의 소득 사다리 상승 능력에 미치는 영향에 대한 논쟁도 있습니다.

전반적으로 소득세는 현대 조세 제도의 발전에 중요한 역할을 해왔으며, 소득세가 사회에 미치는 영향은 계속해서 논쟁과 토론의 주제가 될 것입니다. 사회가 계속 진화하고 변화함에 따라 소득세 및 기타 형태의 조세의 적절한 역할을 재평가하고 조정하여 사회의 필요와 목표에 부합하도록 해야 합니다.

1980년대에 정부는 경제에 대한 통제를 완화하고 시장 개혁을 시행하기 시작했습니다. 경제 성장을 촉진하기 위해 세금 제도를 개혁했고, 1984년 정부는 사업세를 대체하기 위해 부가가치세(VAT)를 도입했습니다. 부가가치세는 기업이 상품 및 서비스 구매 시 납부한 세금을 환급받을 수 있도록 함으로써 생산을 장려하고 경제 성장을 촉진하기 위해 고안되었습니다.

1990년대에 중국은 경제 성장과 발전을 더욱 촉진하기 위해 세제 개혁을 계속했습니다. 1994년 중국 정부는 기업에 대한 세금을 감면하고 소득세율을 낮추며 특정 산업에 대한 새로운 세금 감면 혜택을 도입하는 세제 개혁 패키지를 도입했습니다. 또한 정부는 세금 시스템을 분권화하기 시작하여 지방 정부가 세금 징수 및 수입을 더 많이 통제할 수 있도록 했습니다.

오늘날 중국의 세금 제도는 복잡하고 다양합니다. 중국에는 소득세, 법인세, 부가가치세 및 기타 다양한 세금과 수수료를 포함한 다양한 세금이 있습니다. 중국 정부는 경제 성장과 발전을 장려하고 소득 불평등과 환경 파괴와 같은 문제를 해결하기 위해 세금 제도를 지속적으로 개혁하고 있습니다.

결론적으로 중국의 세금 제도는 중국의 독특한 정치 및 경제 시스템에 의해 형성된 길고 복잡한 역사를 가지고 있습니다. 청나라부터 공산주의 시대, 그리고 그 이후까지 중국의 세금 제도는 중국의 경제 및 사회 발전에 중요한 역할을 해왔습니다. 중국이 계속 성장하고 발전함에 따라 중국의 세금 제도는 현대 세계의 도전과 기회를 충족하기 위해 계속 발전할 것입니다.

16장 : 중국의 세금 - 청나라부터 공산주의까지

중국은 세계에서 가장 오래된 문명 중 하나이며, 그 역사는 길고 복잡합니다. 중국의 세금 제도 역시 마찬가지로 유구한 역사를 가지고 있으며, 수천 년에 걸쳐 진화하여 세계에서 가장 정교한 제도 중 하나가 되었습니다. 청나라 시대부터 공산주의 시대에 이르기까지 중국의 세금 제도는 중국의 사회, 경제, 정치적 변화를 반영하는 중요한 변화를 겪어왔습니다.

청나라(1644-1912)는 중국의 마지막 황제 왕조였습니다. 이 기간 동안 중국의 세금 제도는 효율성과 공정성을 개선하기 위해 여러 가지 개혁을 거쳤습니다. 가장 중요한 개혁 중 하나는 정부의 주요 수입원이 된 토지세의 신설이었습니다. 토지세는 비옥도에 따라 농지에 부과되었으며, 비옥한 토지에 더 높은 세율이 적용되었습니다. 이 제도는 농민들이 토지의 질을 개선하고 생산성을 높이도록 장려하여 경제를 활성화하는 데 도움이 되었습니다.

청 정부는 소금, 차, 담배에 대한 세금과 상인과 장인에게 부과되는 사업세 등 다른 세금도 시행했습니다. 이러한 세금은 인기가 없었고 종종 시위와 반란으로 이어지기도 했습니다. 그중 가장 유명한 반란은 1850년에 시작되어 10년 이상 지속된 타이핑 반란입니다. 홍시우취안이 이끄는 타이핑 반란군은 청나라 정부의 세금 정책에 반대하며 보다 공정하고 공평한 사회를 만들 새로운 왕조의 수립을 요구했습니다.

1912년 청 왕조가 전복되고 중화민국이 수립되었습니다. 새 정부는 청나라의 세금 제도를 물려받았지만 곧 이를 변경하기 시작했습니다. 가장 중요한 변화 중 하나는 1918년 소득세가 도입된 것입니다. 소득세는 고소득자가 소득의 더 많은 비율을 세금으로 납부하는 누진세였습니다. 소득세는 세금 부담을 빈곤층에서 부유층으로 옮기는 데 도움이 되었으며 사회적 평등을 촉진하는 데 중요한 역할을 했습니다.

국민당 시대(1927~1949년)에 중국 세금 제도는 더 많은 개혁을 거쳤습니다. 정부는 맥주, 와인, 사치품에 대한 세금과 판매액에 따른 영업세 등 새로운 세금을 도입했습니다. 이러한 세금은 세수를 늘리고 정부가 국가를 근대화하는 데 필요한 자원을 제공하기 위해 고안되었습니다.

1949년 중국공산당(CPC)이 집권하고 중화인민공화국이 수립되었습니다. 새로운 체제 하에서 중국 공산당의 사회주의 이념을 반영하여 세금 제도가 크게 변경되었습니다. 중국 정부는 농업을 포함한 많은 산업을 국유화하고 집단 소유제를 시행했습니다. 토지세가 폐지되고 농민들은 집단 농장으로 조직되어 정부에 세금을 납부해야 했습니다. 정부는 또한 재산세, 차량세, 상속세 등 다양한 세금을 도입했습니다.

문화대혁명(1966~1976년) 기간 동안 중국의 세금 제도는 마르크스-레닌주의 원칙에 더 밀접하게 부합하도록 더욱 개편되었습니다. 중국 정부는 사회 계층에 따라 세금을 부과하는 '계급 과세' 제도를 시행했습니다. 사회적으로 가장 높은 계급에 속한 사람들은 더 높은 세율을 적용받았고, 가장 낮은 계급에 속한 사람들은 세금을 거의 내지 않거나 전혀 내지 않았습니다.

17장 : 메이지 유신과 일본의 근대 조세

일본은 오랜 조세 역사를 가지고 있지만 1868년 메이지 유신은 일본 재정 정책의 전환점이 되었습니다. 메이지 유신은 일본을 봉건 사회에서 근대 국민 국가로 탈바꿈시킨 근대화와 개혁의 시기였습니다. 이 과정의 일환으로 일본 정부는 조세 제도를 크게 변경했습니다.

메이지 유신 이전 일본은 지역과 사회 계층에 따라 달라지는 복잡한 조세 체계를 가지고 있었습니다. 막부 정부는 농민과 상인으로부터 세금을 징수했지만, 대부분의 세금이 면제되는 사무라이 계급은 서민으로부터 추가 세금을 징수하는 경우가 많았습니다. 이 시스템은 비효율적이고 불공평하여 국민들 사이에 부패와 불만이 만연했습니다.

메이지 유신 기간 동안 도입된 주요 개혁 중 하나는 근대적인 중앙집권적 조세 시스템을 구축하는 것이었습니다. 정부는 세금 징수를 감독하는 재무성을 설립하고 소득세, 소비세, 재산세 등 다양한 세금을 새로 도입했습니다. 새로운 시스템은 이전 시스템보다 더 효율적이고 공평하며 투명하도록 설계되었으며, 일본의 근대화를 위한 재원 조달에 중요한 역할을 했습니다.

소득세는 1887년 근대 헌법이 채택된 후 1889년 일본에서 처음 도입되었습니다. 처음에는 연간 소득이 50엔 이상인 사람에게 부과되었으며, 세율은 소득 수준에 따라 1~3%까지 다양했습니다. 세금은 납세자의 연간 소득을 기준으로 총 소득에서 필요 경비를 차감하여 계산되었습니다. 도입 초기에는 소득세가 새 정부가 부과하는 부담으로 여겨져 일본 국민들 사이에서 상대적으로 인기가 없었습니다.

인기가 없었음에도 불구하고 소득세는 정부의 중요한 수입원이 되었으며 시간이 지남에 따라 세율이 점차 증가했습니다. 20세기 초에는 연간 소득이 500엔을 넘는 사람들에 대한 세율이 5%에 달했습니다. 제2차 세계대전 중에는 전쟁 자금을 조달하기 위해 세율이 더욱 인상되었습니다.

전쟁 후 일본은 급속한 경제 성장과 발전의 시기를 겪었고, 정부는 변화하는 국가의 요구를 충족하기 위해 세금 제도를 지속적으로 개선했습니다. 1950년에는 법인 소득세가 도입되었고, 1955년에는 다른 여러 세금을 대체하기 위해 새로운 소비세가 도입되었습니다. 소비세는 처음에 3%로 설정되었지만 이후 10%로 인상되었습니다.

오늘날 일본의 조세 시스템은 세계에서 가장 복잡하고 정교한 조세 시스템 중 하나입니다. 일본 정부는 소득세, 법인세, 소비세, 재산세 등 다양한 세금을 징수합니다. 세율은 다른 선진국에 비해 상대적으로 높은 편이며, 연간 소득 4,000만 엔 이상에 대한 최고 소득세율은 45%로 정해져 있습니다.

높은 세율에도 불구하고 일본의 조세 제도는 일반적으로

공정하고 효율적이며, 부패 수준이 낮고 납세자의 납세 의무 준수율이 높은 것으로 평가받고 있습니다. 일본 정부는 세수를 의료, 교육, 연금 등 다양한 공공 서비스 및 사회복지 프로그램 재원으로 사용합니다.

그러나 최근 일본은 인구 고령화 및 저출산과 관련된 여러 가지 문제에 직면해 있습니다. 일본 정부는 의료 및 사회복지 프로그램 비용의 증가와 씨름해야 했고, 이러한 프로그램에 자금을 지원할 새로운 수입원을 찾기 위해 고심하고 있습니다.

앞으로 일본의 조세 제도는 이러한 과제에 대응하여 계속 발전할 것입니다. 일본 정부는 사회 프로그램에 자금을 지원하고 환경 문제를 해결하기 위해 부유세나 탄소세와 같은 새로운 세금의 도입을 고려할 수 있습니다. 또한 정부는 세금 인센티브 및 기타 조치를 통해 경제 성장과 혁신을 장려하는 새로운 방법을 모색할 수 있습니다.

결론적으로 세금은 일본을 포함한 근대 사회의 발전에 중요한 역할을 해왔습니다. 역사적으로 세금은 전쟁 자금 조달, 인프라 구축, 사회-경제적 평등 증진에 사용되어 왔습니다. 세금은 종종 부담으로 여겨지지만, 근대 사회에서 세금은 필수적인 요소이며 시민의 복지를 보장하는 데 중요한 역할을 합니다. 우리가 미래를 내다볼 때, 세금은 우리가 살고 있는 세상을 형성하는 데 계속해서 중요한 역할을 할 것입니다.

18장 : 동남아시아 - 식민주의, 독립, 그리고 세금

20세기에 동남아시아는 유럽 열강의 식민지배와 이후 독립 운동으로 인해 복잡하고 종종 격동적인 세금 관계를 경험했습니다. 식민지 시대에는 새로운 조세 제도가 도입되었는데, 이는 주로 식민지 개척자들의 이익을 위해 이 지역의 자원을 착취하는 것을 목표로 했습니다. 많은 경우 세금은 지역 주민에게 혜택이 돌아가기보다는 자원 추출을 용이하게 하는 인프라 개발 자금으로 사용되었습니다. 이러한 착취적인 과세 관행의 유산은 향후 수십 년 동안 동남아시아의 조세 정책을 형성하게 됩니다.

식민지 시대에 동남아시아는 여러 유럽 열강이 관리하는 여러 영토로 나뉘었고, 각 영토마다 고유한 조세 제도가 있었습니다. 예를 들어 영국령 말라야에서는 1870년대 초에 도로, 철도 및 기타 인프라 프로젝트 건설에 필요한 자금을 조달하기 위해 세금이 도입되어 이 지역의 천연자원을 보다 효율적으로 개발할 수 있게 되었습니다. 또한 세금은 공무원 급여와 법과 질서 유지 등 영국 행정부의 재정에도 사용되었습니다.

그러나 영국의 조세 제도는 부유층보다 가난한 사람들에게 더 큰 부담을 지워 퇴행적이라는 비판을 받기도 했습니다. 예를 들어 수입품에 대한 세금은 일상 생활에 필요한 물품을 수입품에 의존할 가능성이 높은 빈곤층에 불균형적으로 영향을 미쳤습니다. 반면 부유층은 세금이 면제되는 경로를 통해 수입품을 구매함으로써 세금을 피할 수 있었습니다.

이 지역의 다른 식민지 세력이 도입한 조세 제도에 대해서도 비슷한 비판이 제기되었습니다. 예를 들어 프랑스 인도차이나의 경우 식민지 행정부는 운하 건설 및 기타 인프라 프로젝트에 자금을 조달하기 위해 쌀 생산에 세금을 부과했습니다. 그러나 이러한 세금은 이미 생계유지에 어려움을 겪고 있던 소규모 쌀 농부들에게 부과되는 경우가 많았습니다. 그 결과 많은 농부들이 부유한 지주에게 토지를 팔아야 했고, 이는 지역 내 불평등을 더욱 악화시켰습니다.

20세기 중반 동남아시아를 휩쓴 독립 운동의 물결 속에서 세금은 새로운 정부가 주권을 주장하고 개발 계획에 자금을 조달하는 데 중요한 도구가 되었습니다. 이 지역의 많은 국가는 불평등을 줄이고 정부 수입을 늘리기 위해 누진세 정책을 채택했습니다. 예를 들어 인도네시아는 토지 및 재산에 대한 세금을 도입했고 말레이시아는 누진 소득세 제도를 도입했습니다.

그러나 새로운 정부는 이러한 정책을 시행하는 과정에서 상당한 어려움에 직면했습니다. 많은 경우 식민지 시대의 조세 제도의 유산으로 인해 공정하고 효과적인 조세 시스템을 구축하기가 어려웠습니다. 훈련된 세무 공무원의 부족과 낡은 세금 징수 방법도 개혁을 가로막는 주요 장애물이었습니다.

또한 이 지역의 많은 국가들이 부패와 탈세로 어려움을 겪으면서 개발 도구로서 조세의 효과를 약화시켰습니다. 세수는 부패한 공무원에게 유용되는 경우가 많았고, 부유한 개인과 기업은 정당한 세금을 납부하지 않는 방법을 찾았습니다. 이로 인해 정부는 개발 계획에 자금을 조달하고 국민에게 기본적인 서비스를 제공하기가 어려웠습니다.

이러한 어려움에도 불구하고 동남아시아의 많은 국가는 독립 이후 몇 년 동안 세금 제도를 개혁하는 데 상당한 진전을 이루었습니다. 최근 몇 년 동안 개발 자금 조달과 불평등 감소에 있어 조세의 중요성에 대한 인식이 높아지고 있으며, 부패와 탈세 척결에 대한 관심이 다시 높아지고 있습니다.

결론적으로, 동남아시아의 조세 역사는 고대에서 현대에 이르기까지 시간이 지남에 따라 세금이 어떻게 진화해 왔는지에 대한 흥미로운 이야기입니다. 동남아시아 지역은 무역, 식민지, 독립 등 다양한 세력에 의해 형성되어 왔으며, 이는 모두 이 지역의 조세 제도 발전에 영향을 미쳤습니다.

세금은 동남아시아의 경제 및 사회 환경을 형성하는 데 중요한 역할을 해왔으며, 여전히 거버넌스 및 공공 재정의 핵심 요소로 자리 잡고 있습니다. 동남아시아 국가들이 21세기에 새로운 도전과 기회에 계속 직면하고 있는 만큼 역사의 교훈을 통해 효율적이고 공평하며 투명한 조세 시스템을 구축하는 것이 중요합니다. 이를 통해 동남아시아 국가들은 조세의 힘을

활용하여 지속 가능하고 포용적인 성장을 촉진하고 시민의
삶을 개선할 수 있습니다.

제4부 오늘날 현대의 조세제도

19장 : 복지 국가 - 스칸디나비아 조세 모델

스칸디나비아 국가들은 높은 세금과 관대한 사회복지 제도로 유명합니다. 이 장에서는 스칸디나비아 복지 국가의 기원과 세금을 통한 재원 조달 방식에 대해 살펴봅니다.

스칸디나비아 복지 국가는 스웨덴과 노르웨이에서 사회민주주의 운동이 등장한 20세기 초에 그 뿌리를 두고 있습니다. 이 운동은 모든 사람이 의료, 교육, 실업 수당과 같은 기본 서비스를 이용할 수 있는 보편적 사회 보호 시스템을 옹호했습니다. 사회민주주의자들은 국가가 국민의 복지를 제공할 책임이 있으며, 이는 누진세제를 통해 가장 잘 달성될 수 있다고 믿었습니다.

스칸디나비아 복지국가의 핵심 설계자 중 한 명은 1933년부터 1947년까지 스웨덴 사회민주당의 경제연구소장을 역임한 스웨덴 경제학자 군나르 미르달(Gunnar Myrdal)이었습니다. 미르달은 자본주의 사회에서 나타난 사회적, 경제적 불평등을 해소하기 위해 복지 국가가 필요하며, 누진세를 통해 재원을 마련할 수 있다고 믿었습니다.

스칸디나비아 복지 국가는 소득세, 급여세, 부가가치세(VAT)의 조합을 통해 재원을 조달합니다. 소득세는 누진세로, 소득이 높은 사람은 소득이 낮은 사람보다 소득의 더 많은 비율을 세금으로 납부합니다. 급여세는 실업 수당 및 연금과 같은 사회 보험 프로그램에 자금을 지원하는 데 사용되며 직원과 고용주가 모두 납부합니다. 부가가치세는 상품 및 서비스 가격에 추가되는 소비세로 소비자가 납부합니다.

스칸디나비아의 과세 수준은 세계에서 가장 높은 수준입니다. 예를 들어 스웨덴의 최고 한계 소득 세율은 약 57%이며 평균 실효 세율은 약 45%입니다. 덴마크의 GDP 대비 세금 비율은 45% 이상으로 세계에서 가장 높습니다. 이러한 높은 세율은 의료, 교육, 보육, 노인 복지, 실업 수당 등 다양한 사회복지 프로그램에 자금을 지원하는 데 사용됩니다.

스칸디나비아 복지국가의 주요 이점 중 하나는 보편성입니다. 특정 소득이나 자산 기준을 충족하는 사람에게만 제공되는 수단별 사회복지 프로그램과 달리, 스칸디나비아 복지 국가는 소득이나 사회적 지위에 관계없이 모든 사람에게 기본적인 서비스를 제공합니다. 즉, 모든 사람이 재정 상황에 관계없이 동일한 수준의 의료, 교육 및 사회 서비스를 이용할 수 있습니다.

스칸디나비아 복지 국가는 빈곤과 불평등을 줄이는 데 성공했으며, 보다 평등하고 응집력 있는 사회를 만드는 데 기여했습니다. 그러나 도전과제가 없는 것은 아닙니다. 높은 세금은 경제 성장과 투자를 저해하고 탈세와 조세 회피로 이어질 수 있습니다. 복지국가의 높은 비용은 또한 정부가 지출 우선순위를 신중하게 조정하고 세수가 효과적이고 효율적으로 사용되고 있는지 확인해야 한다는 것을 의미합니다.

최근 몇 년 동안 스칸디나비아에서는 인구 및 경제 변화에 직면한 복지 국가의 지속 가능성에 대한 논쟁이 벌어지고 있습니다. 인구 고령화와 경제 성장 둔화는 복지 국가에 압력을 가하고 있으며, 일부에서는 장기적으로 지속 가능한 복지 국가를 만들기 위한 개혁을 요구하고 있습니다. 이러한 개혁에는 정년 연장이나 부유세 도입과 같은 조세 제도의 변화 또는 특정 혜택에 대한 수단 테스트와 같은 복지 제도의 변화가 포함될 수 있습니다.

이러한 어려움에도 불구하고 스칸디나비아 복지 국가는 보다 평등하고 포용적인 사회를 만들고자 하는 다른 국가들에게 여전히 모범이 되고 있습니다. 빈곤과 불평등을 줄이고 기본 서비스에 대한 보편적 접근성을 제공하는 데 성공한 스칸디나비아 복지 국가는 강력하고 재정이 잘 갖춰진 복지 국가가 시민의 삶에 큰 변화를 가져올 수 있음을 보여줍니다.

20장 : 조세와 조세피난처의 세계화

최근 몇 년 동안 세계가 무역과 금융을 통해 더욱 긴밀하게 연결됨에 따라 조세와 조세피난처의 세계화가 점점 더 널리 퍼지고 있습니다. 이 장에서는 조세 피난처 개념의 등장과 세계 경제에 미치는 영향, 그리고 이를 규제하기 위한 노력에 대해 살펴봅니다.

조세피난처는 세금이 낮거나 전혀 없고, 규제가 느슨하며, 금융 비밀이 보장되는 국가 또는 관할 구역을 말합니다. 이러한 특성으로 인해 조세피난처는 세금을 피하거나 자산을 은닉하려는 개인과 기업에게 매력적입니다. 가장 인기 있는 조세 피난처로는 스위스, 케이맨 제도, 룩셈부르크 등이 있습니다.

조세 피난처 개념의 등장은 세율을 낮추고 다른 인센티브를 제공하여 자본과 기업을 유치하기 위해 국가들이 서로 경쟁하기 시작한 20세기로 거슬러 올라갈 수 있습니다. 세금을 줄이면 기업이 투자할 수 있는 자금이 더 많아져 경제 성장을 촉진하고 일자리를 창출할 수 있다는 생각에서였습니다. 그러나 이는 각국이 경쟁력을 유지하기 위해 세율을 계속 낮추면서 바닥을 향한 경쟁으로 이어졌습니다.

이러한 경쟁의 결과 중 하나는 조세 피난처의 성장이었습니다. 조세피난처는 세금을 낮게 또는 전혀 부과하지 않음으로써 본국에서 세금을 납부하지 않으려는 기업과 개인을 끌어들입니다. 이로 인해 전 세계 정부, 특히 조세피난처와 경쟁할 수 없는 개발도상국 정부의 세수 손실이 발생하고 있습니다.

또한 조세피난처는 자금 세탁, 탈세, 테러 자금 조달과 같은 불법 활동의 온상이 되고 있습니다. 조세피난처의 높은 수준의 금융 비밀주의는 정부가 자금 흐름을 추적하기 어렵게 만들어 범죄자들이 자신의 활동을 숨기기가 더 쉬워집니다.

조세 피난처를 규제하려는 노력은 수년 동안 진행되어 왔으며 어느 정도 성공을 거두었습니다. 경제협력개발기구(OECD)는 탈세와 공격적인 조세 계획을 단속하기 위한 전 세계적인 노력을 주도해 왔습니다. OECD는 조세 투명성 및 정보 교환을 위한 일련의 표준을 개발하여 100개 이상의 국가에서 채택했습니다.

또한 유럽연합은 회원국들이 은행 계좌와 금융 거래에 대한 정보를 공유하도록 요구함으로써 탈세와 자금 세탁에 대처하기 위한 조치를 취했습니다. 또한 EU는 조세 투명성 및 정보 교환에 관한 국제 기준을 충족하지 못하는 국가를 포함하는 비협조적인 조세 관할권 블랙리스트를 도입했습니다.

이러한 노력에도 불구하고 조세피난처는 여전히 존재하고 운영되고 있으며, 세계 경제에 미치는 영향은 상당합니다. 조세 정의 네트워크의 보고서에 따르면 조세 피난처로 인해 전 세계 정부가 매년 약 4,270억 달러의 세수 손실을 입는 것으로 추정됩니다. 이러한 세수 손실은 의료, 교육, 인프라 등 공공재와 서비스를 제공하는 정부의 능력에 영향을 미칩니다.

결론적으로 조세 및 조세피난처의 글로벌화는 전 세계적인 대응이 필요한 복잡하고 다면적인 문제입니다. 조세피난처를 규제하려는 노력은 어느 정도 진전을 이루었지만, 모든 국가가 동일한 규칙을 준수하도록 하기 위해 아직 해야 할 일이 많습니다. 조세피난처 개념의 등장은 세계 경제에 큰 영향을 미치고 있으며, 보다 투명하고 공평한 조세 시스템을 만들기 위해 각국 정부, 국제기구, 시민사회가 함께 노력해야 합니다.

결론적으로 탈세와 부정부패는 전 세계 정부가 직면한 주요 과제입니다. 이러한 관행은 조세 제도의 무결성을 훼손하고 정부의 수입을 박탈하며 경제 성장과 발전을 저해합니다. 그러나 정보 교환 협약, 강력한 집행 조치, 기술 솔루션 등 탈세와 부패를 방지하기 위해 정부가 사용할 수 있는 도구와 전략은 많습니다. 탈세와 부패와의 싸움은 현재 진행형이며 정부, 납세자, 국제 사회의 협력과 헌신이 필요합니다. 각국 정부는 협력하고 기술 기반 솔루션에 투자함으로써 탈세 및 부패와의 전쟁에서 지속적으로 진전을 이룰 수 있으며, 모든 사람이 공정한 몫을 지불하고 보다 정의롭고 번영하는 세상을 만드는 데 기여할 수 있습니다.

21장 : 탈세 및 부패와의 전쟁

최근 몇 년 동안 탈세와 부패 문제는 그 어느 때보다 많은 관심을 받고 있습니다. 전 세계 각국 정부는 탈세를 단속하고 탈세를 방지하기 위한 조치를 시행하고 있습니다. 그럼에도 불구하고 탈세는 여전히 중요한 문제로 남아 있으며, 탈세로 인해 각국 정부는 매년 수 천억 달러의 비용을 지출하는 것으로 추정됩니다. 이 장에서는 탈세 문제와 부패와의 전쟁에 대해 살펴보고 탈세의 원인과 결과, 잠재적인 해결책을 살펴봅니다.

탈세는 불법적이거나 비윤리적인 세금 납부 회피로 정의됩니다. 탈세는 소득을 과소 신고하거나 자산을 숨기거나 세금 허점을 악용하는 등 다양한 형태로 이루어질 수 있습니다. 경우에 따라 탈세에는 여러 개인이나 조직이 관여하는 복잡한 계획이 포함될 수 있습니다. 탈세는 필수 서비스를 제공하고 공공재를 지원하는 정부의 능력을 약화시키기 때문에 탈세는 정부에게 심각한 문제입니다.

탈세의 주요 원인 중 하나는 세금 제도의 투명성 부족입니다. 세법과 규정이 복잡하고 이해하기 어려울 경우, 개인과 조직은 세금을 회피하기가 더 쉬워질 수 있습니다. 또한 정부가 세법과 처벌을 효과적으로 집행하지 않으면 탈세가 더욱 만연할 수 있습니다. 또한, 개인과 조직이 세금이 오용되거나 낭비되고 있다고 믿을 수 있기 때문에 정부와 세금 시스템에 대한 신뢰

부족도 탈세에 기여할 수 있습니다.

탈세의 결과는 심각할 수 있습니다. 탈세는 정부의 세수를 박탈할 뿐만 아니라 정당한 세금을 납부하는 기업과 개인에게 불공평한 경쟁의 장을 조성할 수 있습니다. 또한 탈세는 개인과 조직이 조세 제도를 불공정하거나 부패한 것으로 간주할 수 있기 때문에 조세 제도에 대한 대중의 신뢰를 약화시킬 수 있습니다. 경우에 따라 탈세는 뇌물 수수 및 자금 세탁과 같은 더 심각한 형태의 부패로 이어질 수도 있습니다.

탈세를 방지하기 위해 각국 정부는 다양한 조치를 시행하고 있습니다. 한 가지 일반적인 접근 방식은 벌금, 징역, 자산 압류 등 탈세에 대한 처벌을 강화하는 것입니다. 이는 잠재적인 탈세자를 억제하고 탈세를 저지른 사람들이 그에 상응하는 대가를 치르도록 하는 데 도움이 될 수 있습니다. 또 다른 접근 방식은 세법 및 규정을 단순화하고 납세자에게 명확한 지침을 제공하여 세금 시스템의 투명성을 높이는 것입니다. 이는 혼란을 줄이고 개인과 조직이 세금을 회피하는 것을 더욱 어렵게 만드는 데 도움이 될 수 있습니다.

또한 각국 정부는 탈세 방지를 위해 기술 기반 솔루션을 도입하고 있습니다. 예를 들어, 많은 국가에서 전자 신고 시스템과 금융 거래의 실시간 보고를 도입하여 세금 준수를 개선하고 탈세를 적발하고 있습니다. 또한 일부 정부에서는 탈세 및 부정부패에 대한 개인의 신고를 장려하기 위해 내부

고발자 프로그램을 시행하고 있습니다.

하지만 이러한 노력에도 불구하고 탈세와 부패는 여전히 만연한 문제로 남아 있습니다. 이는 탈세가 특히 복잡한 계획이나 국제 거래와 관련된 경우 적발하기 어렵다는 사실에 부분적으로 기인합니다. 또한 일부 개인과 조직은 탈세를 세금 부담을 줄이기 위한 수단으로 간주하여 심각한 범죄로 인식하지 않을 수 있습니다. 마지막으로, 일부 정부는 탈세와 부패에 효과적으로 대처할 수 있는 자원이나 정치적 의지가 부족할 수 있습니다.

이러한 문제를 해결하기 위해 각국 정부와 국제기구는 탈세와 부패를 방지하기 위한 효과적인 조치를 개발하기 위해 지속적으로 협력해야 합니다. 여기에는 탈세자를 적발하고 기소하기 위한 국제 협력과 정보 공유를 개선하고 세금 납부의 중요성에 대한 대중의 인식을 높이는 것이 포함될 수 있습니다. 또한 각국 정부는 세금 준수와 탈세 탐지를 개선하기 위해 기술 기반 솔루션에 지속적으로 투자해야 합니다.

22장 : 디지털 경제와 조세의 도전

21세기 들어 디지털 경제가 탄력을 받으면서 사람들이 일하고, 거래하고, 상호 작용하는 방식이 변화하고 있습니다. 이러한 급격한 변화는 전통적으로 물리적 존재와 잘 정의된 국경에 의존하여 세금을 부과하고 징수해 온 전 세계 조세 시스템에 새로운 과제를 제시했습니다. 가상의 특성을 지닌 디지털 경제는 이러한 모델을 파괴하고 세무 당국이 전략을 재고하도록 유도했습니다.

디지털 경제의 주요 특징은 기업과 개인이 국경을 넘어 더 쉽게 활동할 수 있다는 점입니다. 인터넷은 전 세계를 전례 없이 연결하여 글로벌 마켓플레이스와 디지털 플랫폼이 번창할 수 있게 했습니다. 아마존, 구글, 페이스북과 같은 기업은 일부 국가의 GDP를 능가하는 매출을 올리는 거대 기업으로 성장했습니다. 그러나 이러한 기업들은 상당한 소득을 창출하는 관할권에서 최소한의 세금만 납부하는 경우가 많아 정부와 다국적 기업 간의 긴장을 초래하고 있습니다.

다국적 기업의 조세 회피는 디지털 경제에서 시급한 문제로 대두되고 있는데, 기업들이 국제 조세 제도의 허점을 악용하여 세금 부담을 최소화하는 경우가 많기 때문입니다. 예를 들어, 세금이 낮은 관할 지역으로 수익을 이전하거나 공격적인 이전 가격 전략을 사용할 수 있습니다. 이러한 관행은 정부의 세수를 감소시킬 뿐만 아니라 이러한 허점을 악용할 수 없는 국내 기업들에게도 불공평한 경쟁의 장을 조성합니다.

이러한 문제를 해결하기 위해 세무 당국은 디지털 거래와 디지털 플랫폼에서 발생하는 소득에 과세하는 새로운 방법을 모색하기 시작했습니다. 한 가지 접근 방식은 온라인 마켓플레이스, 소셜 미디어 플랫폼, 온라인 광고 등 특정 디지털 비즈니스 모델에서 발생하는 수익을 대상으로 하는 디지털 서비스세(DST)를 시행하는 것입니다. 영국, 프랑스, 인도를 비롯한 여러 국가에서 이미 DST를 도입했거나 도입을 검토하고 있습니다. 그러나 이러한 일방적인 조치는 종종 이중 과세로 이어지고 무역 분쟁을 유발할 위험이 있어 논란을 불러일으키고 있습니다.

이러한 우려에 대응하기 위해 경제협력개발기구(OECD)와 같은 국제기구는 디지털 과세에 대한 조율된 글로벌 접근 방식을 개발하기 위해 노력해 왔습니다. 2013년에 시작된 OECD의 세원 잠식 및 소득 이전(BEPS) 프로젝트는 다국적 기업의 조세 회피 문제를 해결하고 경제 활동과 가치 창출이 발생하는 곳에 과세하는 것을 목표로 합니다. 2021년 OECD는 글로벌 최저 법인세율과 시장 관할권에 과세권을 재할당하는 새로운 프레임워크를 포함하는 두 가지 기둥의 글로벌 세제 개혁에 대한 획기적인 합의에 도달했습니다. 이 합의는 디지털 경제의 현실에 더 적합한 보다 공평하고 효율적인 국제 조세 체계의 토대를 마련할 것으로 기대됩니다.

디지털 경제로 인해 발생하는 또 다른 과제는 디지털 상품과 서비스에 대한 과세입니다. 전자책, 앱, 스트리밍 서비스 등 디지털 제품을 구매하는 소비자가 증가함에 따라 각국 정부는 부가가치세 또는 판매세 제도를 이러한 거래에 맞게 조정해야 했습니다. 예를 들어, 유럽연합은 디지털 서비스에 대해 공급자의 위치가 아닌 소비자의 위치를 기준으로 과세하도록 부가가치세 규정을 개정했습니다. 호주, 뉴질랜드, 남아프리카공화국 등의 국가에서도 비슷한 조치가 도입되었습니다.

암호화폐와 탈중앙화 금융(DeFi) 플랫폼의 부상은 과세 환경을 더욱 복잡하게 만들었습니다. 비트코인, 이더리움 및 기타 디지털 자산과 같은 암호화폐는 대체 결제 및 투자 수단으로 인기를 얻고 있습니다. 세무 당국은 이러한 발전에 발맞추고 이러한 디지털 자산을 분류하고 과세하는 최선의 방법을 결정하기 위해 고심해 왔습니다. 일부 국가에서는 암호화폐에 대한 특정 조세 제도를 도입하는 등 적극적인 접근 방식을 취하고 있지만, 다른 국가에서는 아직 이 문제를 다루지 않거나 보다 신중한 입장을 취하고 있습니다.

디지털 경제가 제기하는 도전 과제 외에도 세무 당국은 긱 경제와 공유 경제의 부상과도 싸워야 합니다. Uber, Airbnb, TaskRabbit과 같은 플랫폼은 사람들이 일하고 서비스를 소비하는 방식에 혁신을 가져왔으며, 전통적인 직원이 아닌 독립 계약자라는 새로운 부류의 근로자를 탄생시켰습니다. 이로 인해 이러한 근로자와 그들의 소득을 효과적으로 분류하고 과세하는 방법에 대한 의문이 제기되었습니다.

긱 및 공유 경제 근로자에 대한 과세의 주요 과제 중 하나는 이들의 소득을 정확하게 추적하고 보고하기 어렵다는 점입니다. 고용주가 원천징수한 세금이 포함된 정기 급여를 받는 기존 근로자와 달리 긱 이코노미 근로자는 소득을 신고하고 세금을 직접 납부할 책임이 있습니다. 이로 인해 소득을 과소 신고하거나 납세 의무를 준수하지 않아 정부의 세수 손실로 이어질 수 있습니다.

이 문제를 해결하기 위해 일부 국가에서는 긱 이코노미 근로자를 위한 간소화된 세금 제도를 도입하여 세율을 낮추거나 신고 요건을 간소화하여 준수를 독려하고 있습니다. 또 다른 국가에서는 디지털 플랫폼에 대한 신고 의무를 도입하여 사용자가 벌어들인 소득을 세무 당국에 신고하도록 하고 있습니다. 이러한 조치는 세금 준수를 개선하고 긱 이코노미 근로자가 세금 시스템에 정당한 몫을 기여하도록 보장하는 것을 목표로 합니다.

디지털 경제는 개인 소비에 대한 과세에도 문제를 제기합니다. 전자상거래의 발달로 소비자는 다른 국가에 위치한 판매자로부터 국내 소매업체보다 저렴한 가격으로 상품을 쉽게 구매할 수 있습니다. 이러한 국경 간 거래에서 소비자는 판매세나 부가가치세를 납부하지 않아도 되기 때문에 세수 손실로 이어질 수 있습니다. 이 문제를 해결하기 위해 일부 국가에서는 온라인 리테일러가 고객을 대신하여 판매세 또는 부가가치세를 징수하고 관련 세무 당국에 송금하도록 하는 목적지 기반 과세 규칙을 시행하고 있습니다.

이러한 노력에도 불구하고 디지털 경제는 전 세계 과세 시스템에 계속해서 중대한 도전 과제를 제시하고 있습니다. 기술이 발전하고 새로운 디지털 비즈니스 모델이 등장함에 따라 과세 당국은 세금이 공정하고 효율적으로 징수될 수 있도록 혁신적인 솔루션을 모색하면서 경계를 늦추지 않고 적응해야 합니다. 동시에 디지털 경제로 인해 발생하는 문제를 해결하기 위해서는 한 국가가 단독으로 해결할 수 없으므로 국제적인 협력이 매우 중요합니다. 각국 정부는 국가 개혁과 국제 공조를 통해 21세기 현실에 더 적합한 조세 시스템을 구축하여 디지털 경제가 모든 사회 구성원에게 혜택을 줄 수 있도록 함께 노력할 수 있습니다.

23장 : 환경 과세 - 친환경 정책과 탄소 가격 책정

전 세계가 기후 변화와 환경 파괴의 위협에 직면함에 따라 각국 정부는 이러한 문제를 해결하기 위해 재정적 수단을 점점 더 많이 활용하고 있습니다. 환경세는 지속 가능한 개발을 촉진하고 인간 활동이 환경에 미치는 부정적인 영향을 줄이기 위한 핵심 정책 수단으로 부상했습니다. 환경세는 오염 및 자원 고갈과 관련된 비용을 내재화함으로써 기업과 개인이 더 친환경적인 관행을 채택하고 자원을 절약하며 청정 기술에 투자하도록 인센티브를 제공합니다.

환경세의 가장 대표적인 예로는 이산화탄소(CO_2) 및 기타 온실가스에 가격을 매겨 온실가스 배출을 줄이는 것을 목표로 하는 탄소 가격 책정이 있습니다. 탄소 가격 책정은 탄소세 또는 배출권 거래제 등 다양한 형태로 이루어질 수 있습니다. 탄소세는 배출되는 CO_2 톤당 고정 가격을 설정하여 배출자가 배출량을 줄이도록 명확한 가격 신호를 보냅니다. 반면에 배출권 거래제는 총 배출량에 한도를 설정하고 배출자가 배출권을 사고 팔 수 있도록 허용하여 배출권 시장을 조성하고 비용 효율성이 가장 높은 곳에서 감축을 장려합니다.

탄소 가격제는 전 세계 여러 국가와 지역에서 다양한 형태로 시행되고 있습니다. 예를 들어, 유럽연합 배출권 거래제(EU ETS)는 세계 최대 규모의 배출권 거래 프로그램으로, 유럽연합 온실가스 배출량의 약 45%를 커버합니다. 스웨덴, 핀란드, 영국 등의 국가에서는 탄소세를 시행하고 있으며, 캐나다는 탄소세와 배출권 거래제의 요소를 결합한 하이브리드 시스템을 채택하고 있습니다. 이러한 정책의 효과는 정책의 설계와 실행에 따라 다르지만, 탄소 가격 책정이 배출량을 줄이고 청정 기술에 대한 투자를 촉진하는 데 도움이 될 수 있다는 증거는 점점 더 많아지고 있습니다.

환경세는 탄소 가격 외에도 대기 및 수질 오염, 폐기물 처리, 유해 화학물질 사용 등 다양한 환경 문제를 대상으로 할 수 있습니다. 예를 들어, 많은 국가에서 자동차 연료에 세금을 부과하는 이유는 세수 증대뿐만 아니라 보다 효율적인 운송을 장려하고 대기 오염을 줄이기 위해서입니다. 마찬가지로 폐기물 감소와 재활용을 촉진하기 위해 비닐봉지, 포장재, 폐기물 처리에 대한 세금이 여러 관할권에서 시행되고 있습니다.

영국의 경제학자 아서 피구의 이름을 딴 피구비안 세금은 환경세의 또 다른 형태입니다. 이 세금은 오염 및 기타 부정적인 환경 영향과 관련된 외부 비용을 내재화하여 시장 실패를 시정하기 위해 고안되었습니다. 예를 들어, 살충제나 비료에 세금을 부과하면 농부들이 보다 지속 가능한 농업 방식을 채택하도록 장려할 수 있고, 물 사용량에 세금을 부과하면 물 부족에 직면한 지역에서 물 절약을 장려할 수 있습니다.

하지만 환경세 도입에 어려움이 없는 것은 아닙니다. 주요 우려

사항 중 하나는 저소득층은 소득의 상당 부분을 에너지와 교통비로 지출하는 경우가 많기 때문에 이러한 세금이 저소득층 가구에 역진적인 영향을 미칠 수 있다는 점입니다. 이 문제를 해결하기 위해 정책 입안자들은 환경세를 누진적으로 설계하거나, 세수 확보를 통해 취약 계층에 대한 맞춤형 지원을 제공할 수 있습니다.

또 다른 문제는 기업이 환경세 납부를 피하기 위해 환경 규제가 덜 엄격한 관할 지역으로 사업장을 이전할 때 발생하는 탄소 누출의 위험입니다. 이는 환경 정책의 효과를 약화시키고 규제 기준의 바닥을 향한 경쟁으로 이어질 수 있습니다. 이러한 위험에 대응하기 위해서는 환경세가 국경을 넘어 조율된 방식으로 시행될 수 있도록 국제 협력이 필수적입니다.

환경세는 기후 변화에 대응하고 환경을 보호하려는 전 세계적인 노력에서 중요한 역할을 합니다. 정부는 재정 수단을 사용하여 오염과 자원 고갈의 비용을 내재화함으로써 기업과 개인이 더 친환경적인 관행을 채택하고 청정 기술에 투자하도록 인센티브를 제공할 수 있습니다. 환경세를 설계하고 시행하는 데는 여러 가지 어려움이 있지만, 누진세 설계, 취약 계층에 대한 표적 지원, 국제 협력을 통해 이러한 문제를 해결할 수 있습니다. 전 세계가 기후 변화와 환경 파괴의 결과와 계속 씨름함에 따라 정책 도구로서 환경세의 중요성은 더욱 커질 것입니다. 전 세계 정부는 얼리 어답터들의 경험을 통해 배우고 환경세의 설계와 시행을 지속적으로 혁신하여 지속 가능한 개발을 촉진하는 데 있어 환경세의 효과를 보장하는 것이 필수적입니다.

전통적인 환경세 외에도 정부는 지속 가능한 관행을 장려하고 기후 변화의 영향을 완화하기 위해 다른 재정적 수단을 고려할 수 있습니다. 예를 들어, 재생 에너지, 에너지 효율 조치 및 기타 청정 기술의 채택을 지원하기 위해 녹색 보조금을 제공할 수 있습니다. 이러한 보조금은 청정 기술과 오염 기술 간의 경쟁을 공평하게 하여 저탄소 경제로의 전환을 촉진하는 데 도움이 될 수 있습니다.

또 다른 접근 방식은 정부, 기업 또는 기타 단체가 친환경 프로젝트에 자금을 조달하기 위해 발행하는 채무 상품인 녹색 채권을 사용하는 것입니다. 그린본드는 청정 인프라, 재생 에너지 및 기타 지속 가능한 이니셔티브에 대한 투자를 위해 민간 자본을 동원하는 데 도움이 될 수 있습니다. 사회적 책임 투자에 대한 증가하는 수요를 충족하는 금융 상품을 제공함으로써 녹색 채권은 지속 가능한 경제로의 글로벌 전환에 필요한 자금을 조달하는 데 중요한 역할을 할 수 있습니다.

환경세 및 기타 재정 도구는 생물 다양성 손실, 삼림 벌채, 해양 오염과 같은 광범위한 지속 가능성 문제를 해결하는 데에도 사용될 수 있습니다. 예를 들어 토지 이용 변경, 삼림 벌채, 남획에 대한 세금은 자연 생태계를 보호하고 천연 자원의 지속 가능한 사용을 촉진하는 데 도움이 될 수 있습니다. 이러한 세금의 수입은 보존 노력에 자금을 지원하고, 훼손된 생태계를 복원하며, 보다 지속 가능한 산업의 발전을 지원하는 데 사용될 수 있습니다.

또한 기업이 환경, 사회, 거버넌스(ESG) 기준을 의사 결정 과정에 통합하도록 장려하기 위해 세금 인센티브를 제공할 수 있습니다. 이러한 인센티브는 기업의 지속가능성을 촉진함으로써 기업의 이익과 사회의 광범위한 목표를 일치시켜 보다 지속 가능하고 포용적인 경제를 조성하는 데 도움이 될 수 있습니다.

전 세계가 기후 변화와 환경 파괴라는 시급한 과제에 계속 직면하고 있는 가운데, 혁신적인 재정 도구와 정책이 보다 지속 가능한 미래를 만드는 데 핵심적인 역할을 할 것임은 분명합니다. 정부는 조세 및 기타 재정 수단의 힘을 활용하여 경제와 사회를 보다 지속 가능하고 탄력적인 방향으로 변화시킬 수 있습니다.

향후 수십 년 동안 전 세계 정부가 직면한 환경 문제를 해결하기 위해 노력함에 따라 환경세 및 기타 녹색 재정 정책의 역할은 계속 확대될 것입니다. 과거와 현재의 환경세 정책의 성공과 실패로부터 계속 배우면서 재정 정책에 대한 접근 방식에서 적응력과 미래지향성을 유지하는 것이 필수적입니다.

결론적으로, 환경세와 친환경 재정 정책은 기후 변화에 대응하고 지속 가능한 개발을 촉진하기 위한 전 세계적인 노력의 핵심 요소입니다. 전 세계가 환경 파괴의 영향이 커짐에 따라 이러한 정책 도구의 중요성은 더욱 커질 것입니다. 얼리 어답터의 경험에서 배우고, 환경세의 설계와 시행을 혁신하며, 국제 협력의 정신으로 협력함으로써 우리는 조세의 힘을 활용하여 미래 세대를 위해 더욱 지속 가능하고 번영하는 세상을 만드는 데 도움을 줄 수 있습니다.

제5부 세금의 미래

24장 : 기술 자동화와 인공 지능의 등장

특히 자동화와 인공지능(AI) 분야의 급속한 기술 발전은 이미 세계 경제와 업무 방식을 재편하기 시작했습니다. 이러한 기술이 계속 발전함에 따라 전 세계 조세 시스템에도 큰 영향을 미칠 것으로 예상됩니다. 이 장에서는 자동화와 AI가 세금에 미치는 다양한 영향을 살펴보고 앞으로의 잠재적인 발전과 과제를 고려할 것입니다.

자동화와 AI의 가장 중요한 결과 중 하나는 인간의 노동력을 대체할 가능성이 있다는 것입니다. 기계와 알고리즘이 과거에는 인간이 수행하던 업무를 수행할 수 있는 능력이 점점 더 커짐에 따라 다양한 분야에서 인간 노동력에 대한 수요가 감소할 수 있습니다. 이러한 추세는 노동보다는 자본(예: 기술 및 자동화에 대한 투자)에서 더 많은 소득이 창출됨에 따라 과세 소득 구성의 변화로 이어질 수 있습니다. 따라서 정부는 공공재와 서비스에 자금을 지원할 수 있는 충분한 세수를 확보하기 위해 세금 정책을 재검토해야 할 수도 있습니다.

또한 자동화와 AI의 부상은 자본을 소유한 사람들이 이러한 기술 발전으로 인해 불균형적인 이익을 얻을 수 있기 때문에 기존의 소득 불평등을 악화시킬 수도 있습니다. 이 문제를 해결하기 위해 일부 정책 입안자와 경제학자들은 생산 과정에서 자동화 및 AI를 사용할 때 부과되는 로봇세와 같은 새로운 형태의 과세를 도입할 것을 제안했습니다. 이 세금은 자동화로 인한 잠재적 일자리 손실을 상쇄하고 기술 발전의 혜택이 사회 전반에 더 공평하게 분배되도록 하는 데 그 목적이 있습니다.

자동화와 AI의 사용 증가로 인해 발생하는 또 다른 주요 과제는 탈세와 회피의 가능성입니다. 기업이 재무 관리를 위해 알고리즘과 자동화된 시스템에 점점 더 의존함에 따라 이러한 시스템 조작을 통한 탈세 위험도 커질 수 있습니다. 또한 디지털 플랫폼을 통한 금융 거래가 증가함에 따라 조세 회피 및 탈세의 기회도 증가할 수 있습니다. 이러한 위협에 대응하기 위해 세무 당국은 집행 전략을 조정하고 탈세를 탐지하고 방지하기 위한 새로운 기술과 도구에 투자해야 합니다.

자동화와 AI의 부상에 대응하여 일부 정부는 이미 이러한 기술을 조세 행정에 활용함으로써 얻을 수 있는 잠재적 이점을 모색하기 시작했습니다. 예를 들어, AI 기반 데이터 분석과 머신러닝 알고리즘은 세무 데이터의 패턴과 이상 징후를 식별하는 데 사용되어 세무 당국이 잠재적인 규정 위반 사례를 보다 효과적으로 감지하는 데 도움을 줄 수 있습니다. 또한 자동화를 통해 세금 신고 처리, 환급금 지급 등 세무 행정의 다양한 측면을 간소화하여 효율성을 높이고 관리 비용을 절감할 수 있습니다.

미래를 내다볼 때, 자동화와 AI의 지속적인 발전은 전 세계 조세 시스템에 광범위한 영향을 미칠 것이 분명합니다. 이러한 변화에 적응하고 조세 제도가 효과적이고 공평하게 유지되도록 하기 위해 정책 입안자들은 이러한 기술의 잠재적 영향을 신중하게 고려하고 혁신적인 조세 접근법을 개발해야 할 것입니다.

최근 몇 년 동안 주목받고 있는 해결책 중 하나는 보편적 기본소득(UBI)을 도입하는 것입니다. 모든 시민에게 정기적이고 무조건적인 현금을 지급하는 UBI는 자동화로 인한 일자리 감소의 영향을 완화하고 모든 사회 구성원이 기술 발전의 혜택을 누릴 수 있도록 하는 데 도움이 될 수 있습니다. UBI 재원을 마련하기 위해 정부는 로봇세, 부유세, 디지털 거래에 대한 부가가치세 등 새로운 형태의 과세 도입을 고려해야 할 수도 있습니다.

자동화와 AI가 제기하는 문제를 해결하기 위한 또 다른 잠재적 접근 방식은 미래의 일자리에 대비하기 위한 교육 및 인력 개발 프로그램에 투자하는 것입니다. 정부는 점점 더 자동화되는 경제에서 개인이 성공하는 데 필요한 기술을 갖추도록 지원함으로써 국민이 변화하는 노동 시장에 적응하고 세수에 지속적으로 기여할 수 있도록 도울 수 있습니다.

자동화와 인공지능의 부상은 전 세계 조세 시스템에 도전과 기회를 동시에 제시하고 있습니다. 21세기에 접어들면서 정책 입안자, 과세 당국 및 기타 이해관계자들은 이러한 기술이 조세에 미칠 수 있는 잠재적 영향에 선제적으로 대응하고 이러한 기술이 제시하는 과제에 대한 혁신적인 솔루션을 개발하는 것이 매우 중요합니다.

국제조세 영역에서도 자동화와 인공지능의 부상으로 인해 국가 간 협력과 조율이 더욱 강화될 수 있습니다. 디지털 기술이 계속해서 관할권 간의 경계를 허물고 탈세와 회피를 위한 새로운 기회를 창출함에 따라 각국 정부는 조화로운 조세 정책과 집행 메커니즘을 개발하기 위해 협력하는 것이 중요합니다. 여기에는 새로운 국제 조세 조약의 체결 또는 기존 조약의 확대, 과세 당국 간의 조세 데이터 및 모범 사례 공유 등이 포함될 수 있습니다.

자동화와 인공지능의 부상에 대응하여 각국 정부가 조세 정책을 조정해야 하는 또 다른 분야는 디지털 상품과 서비스에 대한 과세입니다. 온라인과 국경을 넘나드는 거래가 증가함에 따라 각국 정부가 이러한 활동에 효과적으로 과세하는 것이 점점 더 어려워지고 있습니다. 이 문제에 대한 한 가지 가능한 해결책은 디지털 플랫폼과 서비스에서 발생하는 수익에 부과되는 디지털 서비스세를 시행하는 것입니다. 이미 여러 국가에서 이러한 세금을 도입했으며, 공정하고 효율적인 방식으로 세금을 설계하고 시행하는 최선의 방법에 대한 논의가 계속되고 있습니다.

자동화와 AI의 부상은 지적 재산(IP)에 대한 과세에도 영향을 미칠 수 있습니다. 디지털 기술이 경제 성장의 중요한 동력이 되면서 특허, 저작권, 상표와 같은 지적 재산의 가치도 커질 가능성이 높습니다. 정부는 이러한 무형 자산이 창출하는 가치의 공정한 분배를 보장하기 위해 IP 과세에 대한 접근 방식을 재고할 필요가 있습니다. 여기에는 기존 세금 규정을 개정하거나 새로운 규정을 개발하여 IP 소득에 보다 효과적으로 과세하는 것이 포함될 수 있습니다.

마지막으로, 조세 분야에서 자동화와 AI의 사용이 증가함에 따라 신중하게 고려해야 할 윤리적 고려사항이 있습니다. 세무 당국이 알고리즘과 머신러닝에 더 많이 의존하여 잠재적인 규정 위반 사례를 식별함에 따라 이러한 자동화된 시스템의 공정성과 투명성에 대한 의문이 제기될 수 있습니다. 정책 입안자와 세무 당국은 세무 행정에서 AI를 사용할 때 명확한 윤리적 원칙을 준수하고 편견을 방지하고 납세자의 권리를 보호할 수 있는 적절한 안전장치를 마련해야 합니다.

요약하면, 자동화와 인공지능의 부상은 전 세계 조세 시스템에 도전과 기회를 동시에 제시하고 있습니다. 이러한 변화에 적응하고 조세 제도가 효과적이고 공평하게 유지되도록 하기 위해 정책 입안자들은 이러한 기술의 잠재적 영향을 신중하게 고려하고 혁신적인 과세 접근법을 개발해야 합니다. 자동화와 AI의 잠재력을 수용함으로써 정부는 21세기 경제의 수요를 충족할 수 있는 보다 효율적이고 투명하며 공정한 과세 시스템을 구축할 수 있습니다. 세정의 미래를 계속 탐구할 때, 우리는 열린 마음을 갖고 끊임없이 진화하는 기술 환경에 적응할 수 있는 자세를 유지하는 것이 중요합니다.

25장 : 보편적 기본소득과 복지의 미래

세제의 미래를 바라보면서 최근 몇 년 동안 크게 주목받고 있는 개념 중 하나는 보편적 기본소득(UBI)입니다. 이 정책 제안은 소득, 고용 상태 또는 기타 요인에 관계없이 한 국가의 모든 국민에게 정기적이고 무조건적인 현금을 지급하는 것을 포함합니다. 기본소득 지지자들은 기본소득이 빈곤을 완화하고 소득 불평등을 줄이며 경제 성장을 촉진할 잠재력이 있다고 주장하는 반면, 비판론자들은 비용, 잠재적인 근로 의욕 저하 및 기타 의도하지 않은 결과에 대해 우려합니다. 이 장에서는 보편적 기본소득의 역사와 이론적 근거를 살펴보고, 조세 및 복지 시스템에 미칠 수 있는 잠재적 영향을 살펴보고, 미래로 나아갈 때 직면하게 될 도전과 기회에 대해 생각해 보겠습니다.

보편적 기본소득의 개념은 토머스 모어와 토머스 페인 같은 철학자들의 저술에 뿌리를 두고 수 세기 전으로 거슬러 올라갑니다. 그러나 소득 불평등에 대한 우려의 증가, 전통적인 복지 제도의 쇠퇴, 자동화와 인공지능에 의한 노동자의 잠재적 대체 등 다양한 요인으로 인해 최근 몇 년 동안 다시금 관심을 받고 있습니다. 이러한 문제에 대응하기 위해 모든 시민이 상황에 관계없이 기본적인 수준의 재정적 안정을 누릴 수 있도록 하는 데 도움이 될 수 있는 잠재적 솔루션으로 UBI가 부상했습니다.

UBI를 지지하는 주요 이유 중 하나는 기존 복지 시스템보다 빈곤과 소득 불평등을 더 효과적으로 해결할 수 있다는 점입니다. 모든 시민에게 보장된 소득 한도를 제공함으로써 UBI는 누구도 일정 수준의 재정적 안정에 미치지 못하도록 보장할 수 있습니다. 이는 전통적인 고용 형태가 긱 워킹, 프리랜서 및 기타 비정규직 계약으로 대체되는 등 노동 시장이 점점 더 불안정해지는 상황에서 특히 중요할 수 있습니다. 또한 UBI는 조건 없이 보편적으로 제공되기 때문에 수단 테스트를 거친 복지 프로그램과 관련된 낙인을 줄이는 데 도움이 될 수 있습니다.

UBI를 지지하는 또 다른 논거는 개인이 자신의 인적 자본에 투자하거나 사업을 시작하거나 다른 생산적인 활동을 추구하는 데 필요한 재원을 제공함으로써 경제 성장을 촉진할 수 있다는 것입니다. 사람들이 기본적인 필요를 충족해야 한다는 부담 없이 자신의 열정과 관심사를 추구할 수 있는 자유를 제공함으로써 UBI는 창의성과 혁신을 발휘하고 그 과정에서 경제 성장을 촉진할 수 있습니다. 또한 UBI는 소비자에게 더 많은 돈을 돌려줌으로써 수요를 자극하고 경제 활동을 촉진하는 데 도움이 될 수 있습니다.

하지만 UBI를 구현하는 데에는 여러 가지 도전 과제와 잠재적인 단점도 있습니다. 가장 큰 우려 사항 중 하나는 모든 시민에게 보편적 소득을 제공하는 데 드는 비용입니다. UBI 프로그램에 자금을 조달하기 위해 정부는 세금을 인상하거나 다른 분야의 자원을 재할당하거나 추가 부채를 떠안아야 할 수도 있습니다. 비판론자들은 세금 인상은 투자와 기업가 정신을 저해할 수 있고, 정부 차입금 증가는 인플레이션과 기타 거시경제 불균형을 초래할 수 있기 때문에 경제 성장에 부정적인 결과를 초래할 수 있다고 주장합니다.

UBI와 관련된 또 다른 우려는 근로 의욕을 떨어뜨릴 수 있다는 점입니다. 모든 국민에게 무조건적인 소득을 제공함으로써 사람들이 일을 덜 하거나 아예 하지 않기로 선택해 생산성과 경제 생산량이 감소할 수 있다고 우려하는 사람들도 있습니다. 그러나 전 세계의 UBI 시범 프로그램과 실험에서 얻은 경험적 증거에 따르면 일반적으로 노동력 참여에 미치는 영향은 상대적으로 크지 않으며, 대부분의 사람들이 기본소득을 제공받더라도 계속 일하고 있는 것으로 나타났습니다.

이러한 어려움에도 불구하고 21세기의 경제 및 사회적 과제에 대한 잠재적 해결책으로 UBI에 대한 관심이 높아지고 있습니다. 핀란드, 캐나다, 미국을 비롯한 여러 국가와 지역에서 UBI 또는 유사한 프로그램을 실험하고 있습니다. 이러한 시범 프로그램은 빈곤, 소득 불평등, 노동력 참여 및 기타 결과에 대한 UBI의 잠재적 영향에 대한 귀중한 인사이트를 제공했습니다. 조세와 복지의 미래를 계속 탐구해 나가면서 UBI의 잠재적 장점과 단점을 고려하고 우리 사회에서의 잠재적 역할에 대해 정보에 입각한 균형 잡힌 토론에 참여하는 것이 중요합니다.

세금과 관련하여 UBI는 정부가 세금을 징수하고 배분하는 방식에 중대한 변화를 가져올 수 있습니다. 포괄적인 UBI 프로그램에 자금을 조달하기 위해 정부는 필요한 자금을 마련하기 위해 부유세, 부가가치세 또는 탄소세와 같은 세금을 신설하거나 인상하는 방안을 고려해야 할 수 있습니다. 또한, UBI의 시행은 기존의 수단을 통해 검증된 혜택을 대체하거나 보완할 수 있기 때문에 일부 기존 복지 프로그램의 구조조정 또는 폐지로 이어질 수 있습니다.

세금을 통한 UBI 재원 조달의 한 가지 잠재적 이점은 부유한 개인과 기업이 더 많은 부담을 부담할 가능성이 높기 때문에 세금 제도의 누진성을 높이는 데 도움이 될 수 있다는 점입니다. 이는 소득 불평등과 사회 최상위 계층의 부 집중에 대한 우려를 해소하는 데 도움이 될 수 있습니다. 그러나 세제 변경이 경제 성장과 투자에 미치는 부정적인 영향을 최소화할 수 있도록 신중하게 설계되어야 합니다.

UBI의 미래와 세제에 미치는 영향을 고려할 때, 만능 해결책은 없다는 점을 인식하는 것이 중요합니다. 국가와 지역마다 경제 규모, 노동시장 구조, 기존 복지 및 과세 시스템 등의 요소를 고려하여 각자의 고유한 상황에 맞게 UBI 제안을 조정하고 맞춤화해야 합니다. 또한, 성공과 실패로부터 교훈을 얻고 UBI를 가장 잘 구현할 수 있는 방법에 대한 이해를 개선하기 위해 전 세계의 UBI 실험과 파일럿 프로그램을 지속적으로 모니터링하고 평가하는 것이 중요합니다.

조세 역사에 대한 탐구의 25장에서는 보편적 기본소득의 개념과 복지 및 조세 제도의 미래에 대한 잠재적 영향에 초점을 맞추었습니다. 소득 불평등, 노동시장의 불안정성, 자동화와 인공지능이 고용에 미칠 수 있는 잠재적 영향 등의 문제를 계속 고민하고 있는 지금, UBI와 같은 혁신적인 솔루션에 대해 열린 마음을 유지하는 것이 중요합니다. 이 정책 제안의 장단점에 대해 사려 깊고 정보에 입각한 토론에 참여함으로써 우리는 모든 시민을 위한 보다 정의롭고 공평한 미래를 만드는 데 도움을 줄 수 있습니다.

다음 장에서는 과세 및 긱 경제와 관련된 과제와 해결책을 자세히 살펴볼 것입니다. 업무의 성격이 계속 진화하고 전통적인 고용 관계가 보다 유연하고 분산된 형태로 변화함에 따라, 우리의 세금 시스템이 이러한 변화에 적응하고 모든 개인과 기업이 공익을 위해 공정한 몫을 기여하도록 보장하는 것이 필수적입니다.

26장 : 긱 경제(Gig Economy)와 도전 과제

유연한 온디맨드 근무 방식과 독립 계약자에 대한 의존도를 특징으로 하는 긱 경제는 최근 몇 년 동안 크게 성장했습니다. 기술 발전과 사회적 기대치의 변화로 인한 이러한 업무 특성의 변화는 전 세계 과세 시스템에 고유한 도전과 기회를 제시합니다. 이 장에서는 긱 이코노미에서 과세를 둘러싼 문제와 정부가 공정하고 효율적인 방식으로 세수를 지속적으로 징수할 수 있는 잠재적인 해결책을 살펴봅니다.

긱 경제에 과세하는 데 있어 가장 큰 난제 중 하나는 근로자의 분류입니다. 전통적인 세금 시스템은 일반적으로 급여에서 세금을 원천징수하고 고용주가 세무 당국에 직원 소득을 신고할 책임이 있는 풀타임 급여 고용 개념을 중심으로 설계되었습니다. 그러나 긱 경제에서는 근로자가 독립 계약자 또는 자영업자로 활동하는 경우가 많으며, 자신의 소득과 지출을 추적하고 보고할 책임이 있습니다. 따라서 근로자는 다양한 세금 양식과 기한을 탐색해야 하고, 정부는 이러한 새로운 현실을 고려하여 집행 및 감사 전략을 조정해야 하므로 세금 환경이 더욱 복잡해집니다.

근로자 분류 외에도 긱 경제는 세무 당국에 또 다른 과제를 제시합니다. 이러한 과제 중 하나는 소득과 지출을 추적하는 것입니다. 긱 워커는 차량 공유 앱이나 프리랜서 마켓플레이스와 같은 디지털 플랫폼을 통해 서비스를 제공하는 경우가 많기 때문에 세무 당국이 근로자의 소득에 대한 정확하고 포괄적인 데이터에 접근하기 어려울 수 있습니다. 이는 소득 과소신고와 탈세로 이어질 수 있으며, 세법 준수를 강제하는 데 어려움을 초래할 수 있습니다.

이러한 문제를 해결하기 위해 일부 정부는 긱 이코노미에서 과세에 대한 새로운 접근 방식을 모색하기 시작했습니다. 한 가지 잠재적인 해결책은 디지털 플랫폼에 대한 보다 포괄적인 신고 요건을 마련하여 세무 당국이 근로자의 소득에 대한 정확한 정보에 접근할 수 있도록 하는 것입니다. 예를 들어, 미국 국세청(IRS)은 특정 디지털 플랫폼이 특정 임계치 이상의 수입을 올리는 긱 근로자의 소득을 보고하도록 하는 새로운 보고 규정을 시행하고 있습니다.

또 다른 접근 방식은 긱 워커의 세금 신고 및 납부 절차를 간소화하여 세법을 더 쉽게 준수하고 과소 신고 또는 탈세 가능성을 줄이는 것입니다. 여기에는 간소화된 세금 양식, 온라인 신고 시스템을 제공하거나 세금 납부를 디지털 플랫폼에 직접 통합하는 것도 포함될 수 있습니다. 예를 들어, 일부 차량 공유 회사에서는 드라이버에게 세금 준비 소프트웨어 및 지원 서비스를 제공하여 긱 근로와 관련된 복잡한 세금 환경을 탐색할 수 있도록 지원하고 있습니다.

또한 정부는 긱 경제의 현실을 더 잘 반영하기 위해 세법 및 규정의 업데이트를 고려해야 할 수도 있습니다. 여기에는 근로자를 분류하는 데 사용되는 정의와 기준을 재평가하여 세법이 다양한 유형의 업무 계약에 공정하고 일관되게 적용될 수 있도록 하는 것이 포함될 수 있습니다. 또한, 정부는 이러한 유형의 업무와 관련된 고유한 위험과 과제를 인식하여 긱 근로자를 위한 새로운 또는 업데이트된 세금 인센티브와 혜택을 모색해야 할 수도 있습니다.

긱 경제가 계속 성장하고 발전함에 따라 세금 시스템이 이러한 변화에 적응하고 모든 개인과 기업이 공정한 몫을 공익에 기여하도록 보장하는 것이 중요합니다. 정부는 혁신적인 솔루션을 개발하고 세법과 규정을 업데이트함으로써 긱 경제의 성장과 발전을 지원하는 보다 공평하고 효율적인 조세 환경을 조성하는 데 도움을 줄 수 있습니다.

다음 장에서는 조세 정책을 수립하고 국가 간 협력을 촉진하는 데 있어 국제기구의 역할에 대해 살펴봅니다. 세계가 점점 더 상호 연결됨에 따라 각국 정부는 세계화, 디지털화, 진화하는 업무의 특성으로 인한 도전과 기회에 대처하기 위해 협력하는 것이 필수적입니다. 국가 간 협력과 조정을 촉진함으로써 급격한 변화 속에서도 조세 제도가 효과적이고 공평하게 유지될 수 있도록 도울 수 있습니다.

27장 : 과세와 글로벌 거버넌스 - 국제기구의 역할

세계가 점점 더 상호 연결됨에 따라 조세 정책을 수립하고 국가 간 협력을 촉진하는 데 있어 국제기구의 역할이 그 어느 때보다 중요해졌습니다. 이 장에서는 글로벌 조세 거버넌스와 관련된 주요 국제기구를 살펴보고 세계화, 디지털화, 업무의 진화하는 특성으로 인해 제기되는 과제를 해결하기 위한 국제기구의 역할에 대해 논의합니다.

조세 분야에서 가장 영향력 있는 국제기구 중 하나는 경제협력개발기구(OECD)입니다. 38개 회원국으로 구성된 OECD는 번영과 지속 가능한 성장을 촉진하는 경제 및 사회 정책을 개발하고 촉진하기 위해 노력합니다. OECD의 핵심 목표 중 하나는 정부에 지침, 연구 및 기술 지원을 제공하여 공정하고 효율적인 조세 시스템을 촉진하는 것입니다. 이 조직은 다국적 기업의 세금 계획 전략으로 인해 발생하는 문제를 해결하기 위한 세원 잠식 및 소득 이전(BEPS) 프로젝트 개발을 비롯하여 수많은 세금 이니셔티브의 선두에 서 있습니다.

글로벌 조세 거버넌스에서 또 다른 중요한 역할을 하는 기관은 국제통화기금(IMF)입니다. 190개국이 회원국으로 가입한 IMF는 글로벌 통화 협력을 촉진하고 금융 안정성을 보장하며 지속 가능한 경제 성장을 촉진하는 데 중점을 두고 있습니다. IMF는 회원국에 조세 정책 및 행정에 대한 기술 지원과 정책 자문을 제공하여 회원국이 효과적이고 공평한 조세 제도를 설계하고 시행할 수 있도록 지원합니다. 또한 국제 조세 문제에 대한 연구를 수행하고 조세 정책 및 개혁에 관한 글로벌 대화에 기여합니다.

개발도상국에 재정 및 기술 지원을 제공하는 글로벌 개발 기관인 세계은행도 글로벌 조세 거버넌스에서 중요한 역할을 담당하고 있습니다. 세계은행은 대출 프로그램을 통해 각국의 조세 정책 및 행정 개선을 위한 노력을 지원합니다. 이 기관은 세금 정책 설계, 세입 행정 개혁, 세금 준수 강화와 같은 분야에서 지원을 제공합니다. 또한 세계은행은 OECD 및 IMF를 비롯한 다른 국제기구와 긴밀히 협력하여 글로벌 모범 사례 및 표준에 부합하는 지원을 제공합니다.

유엔(UN)은 모든 회원국의 이익을 대변하는 글로벌 조직으로서 세금 문제에 대한 국제 협력을 촉진하는 데 중요한 역할을 합니다. UN의 조세 문제 국제 협력 전문가 위원회는 전 세계 조세 제도의 공정성과 투명성을 증진하는 국제 조세 지침 및 권고안을 개발하기 위해 노력합니다. 이 위원회는 이중 과세, 탈세, 다국적 기업에 대한 과세 등의 문제를 다루며 각국이 경험과 모범 사례를 공유할 수 있는 플랫폼을 제공합니다.

유럽연합(EU)과 같은 지역 조직도 조세 정책을 형성하고 회원국 간의 협력을 촉진하는 데 중요한 역할을 합니다. 예를 들어, EU는 통일된 부가가치세(VAT) 시스템을 구축하고 국경

내에서 탈세와 공격적인 조세 계획에 대처하기 위한 다양한 이니셔티브를 시행하고 있습니다. 또한 EU는 OECD와 같은 국제기구와 협력하여 글로벌 조세 기준과 협력을 증진하고 있습니다.

세계화와 디지털화로 인한 도전과제를 해결하기 위해 국제기구는 국가 간 협력과 조정을 촉진하는 데 점점 더 집중하고 있습니다. 예를 들어, OECD의 BEPS 프로젝트는 조율된 국제 조세 규칙을 개발하여 다국적 기업의 조세 회피 전략에 대처하는 것을 목표로 합니다. 이 프로젝트는 상당한 성공을 거두어 현재 135개 이상의 국가가 BEPS 포괄적 프레임워크에 참여하고 있으며, 수많은 국가가 프로젝트의 권고에 따라 세제 개혁을 시행하고 있습니다.

마찬가지로 국제기구는 세무 당국 간의 투명성과 정보 교환을 촉진하는 데 중요한 역할을 해왔습니다. 경제협력개발기구의 공통 보고 기준(CRS) 및 자동 정보 교환(AEOI)과 같은 이니셔티브는 세금 관련 정보의 국가 간 공유를 촉진하여 개인과 기업이 해외에 자산을 숨겨 세금을 회피하는 것을 더욱 어렵게 만듭니다.

조세 정책 수립과 협력 증진에 있어 국제기구의 역할은 앞으로도 계속 중요해질 것입니다. 국제기구는 국가 간 협력과 조정을 촉진함으로써 점점 더 세계화되고 디지털화되는 경제에서 발생하는 복잡한 문제를 해결하는 데 도움을 줄 수 있습니다.

결론적으로, 글로벌 조세 거버넌스에서 국제기구의 역할은 그 어느 때보다 중요합니다. 이들 기관은 협력을 촉진하고, 지침을 제공하며, 세계화와 디지털화로 인해 제기되는 문제를 해결함으로써 공정하고 효율적이며 지속 가능한 미래 조세 시스템을 구축하는 데 도움을 줄 수 있습니다. 우리가 계속해서 복잡한 조세 세계를 헤쳐나가는 가운데, 협력과 혁신을 촉진하는 국제기구의 기여는 전 세계의 번영과 사회 진보를 지원하는 효과적인 조세 정책 개발에 여전히 중요할 것입니다.

제6부 세금과 사회

28장 : 공공재 및 서비스 재원 조달기능

세금은 사회의 안녕과 번영에 필수적인 공공재와 서비스에 자금을 조달하는 데 중요한 역할을 합니다. 공공재는 소비에서 배제할 수 없고 경쟁할 수 없는 재화로, 누구도 사용에서 배제될 수 없으며 한 사람이 사용한다고 해서 다른 사람의 사용 가능성이 줄어들지 않습니다. 공공재의 예로는 국방, 법 집행, 공공 공원 등이 있습니다. 교육, 의료, 사회 기반 시설과 같은 서비스는 순수한 공공재는 아니지만 사회가 기능하는 데 필수적인 것으로 간주되며 대부분 세금으로 자금을 조달합니다.

역사적으로 정부는 세금을 통해 이러한 재화와 서비스를 시민들에게 제공할 수 있었습니다. 이 장에서는 세금과 공공재 및 서비스 제공의 관계, 그리고 앞으로 직면하게 될 도전과 기회에 대해 살펴봅니다.

고대 문명에서 세금은 주로 관개 시스템, 도로, 사원과 같은 공공 사업 프로젝트의 건설 자금을 조달하는 데 사용되었습니다. 이러한 프로젝트는 농업, 무역, 도시화의 발전에 필수적이었습니다. 예를 들어 고대 이집트에서는 나일강 관개 시스템의 건설과 유지 관리를 지원하기 위해 농부들에게 세금을 부과했습니다. 이 시스템을 통해 이집트인들은 건조한 사막을 비옥한 농지로 바꾸고 문명의 성장을 뒷받침할 수 있었습니다.

중세 시대에는 성, 성벽 및 기타 요새 건설과 도로 및 교량 유지 보수에 세금이 자주 사용되었습니다. 공공 인프라에 대한 이러한 투자는 무역과 상업의 발전에 중요한 역할을 했으며, 이는 많은 사회를 자급자족 농업에서 벗어나게 하고 이후 수 세기 동안 경제 성장을 위한 발판을 마련하는 데 도움이 되었습니다.

최근에는 교육, 의료, 사회복지 프로그램과 같은 광범위한 공공재와 서비스에 세금이 사용되었습니다. 19세기 말과 20세기 초에 누진 소득세 제도가 개발되면서 정부는 더 많은 세수를 거둘 수 있었고, 이를 통해 제공하는 공공재와 서비스의 범위를 확대할 수 있었습니다. 20세기 복지국가의 부상으로 정부가 교육, 의료, 사회보험 프로그램에 대한 투자를 통해 빈곤을 줄이고 기회의 평등을 증진하고자 노력하면서 공공재와 서비스 재원 마련에 있어 세금의 역할은 더욱 확대되었습니다.

오늘날에도 세금은 공공재와 서비스 재원 마련에 중요한 역할을 하고 있습니다. 선진국에서는 세금이 정부 수입의 상당 부분을 차지하며, 세금은 국방, 법 집행, 교육, 의료, 인프라 등 다양한 공공재와 서비스에 자금을 조달하는 데 사용됩니다. 개발도상국에서는 세금이 정부 수입에서 차지하는 비중이 적은 경우가 많지만, 여전히 필수 공공재와 서비스에 자금을 조달하는 데 중요한 역할을 합니다.

미래를 내다볼 때, 공공재와 서비스 재원 마련에 있어 세금의 역할은 더욱 중요해질 것입니다. 기술 변화의 속도가 빨라지고 지식 기반 경제의 중요성이 커짐에 따라 교육, 연구, 혁신에 대한 투자는 각국이 글로벌 시장에서 경쟁력을 유지하는 데 매우 중요해질 것입니다. 동시에 기후 변화, 인구 고령화, 소득 불평등 증가로 인한 도전과제로 인해 정부는 국민의 복지와 번영을 보장하기 위해 공공재와 서비스에 더 많은 투자를 해야 할 것입니다.

이러한 과제를 해결하기 위해 정부는 세금 시스템의 효율성과 공정성을 유지하면서 추가 세수를 확보할 수 있는 방법을 찾아야 합니다. 여기에는 과세 기반을 확대하고, 허점을 막고, 탈세와 공격적인 조세 계획을 방지하기 위한 국제 조세 협력을 강화하는 것이 포함될 수 있습니다. 또한, 정부는 지속가능성과 장기적인 경제 성장을 촉진하는 공공재와 서비스에 대한 투자 재원을 마련하기 위해 환경세와 같은 새로운 세원을 모색해야 할 수도 있습니다.

공공재와 서비스 재원 마련을 위한 세금의 역할은 정부와 시민 간의 사회 계약에서 매우 중요한 부분입니다. 고대 문명의 도로와 관개 시스템 건설부터 현대의 교육, 의료, 사회복지 제공에 이르기까지 역사적으로 세금은 사회 기능을 뒷받침하는 재화와 서비스를 제공하는 데 필수적인 역할을 해왔습니다.

21세기에 접어들면서 공공재와 서비스에 자금을 지원하는 세금의 역할은 더욱 중요해질 것입니다. 기후 변화, 인구구조 변화, 소득 불평등 증가로 인한 도전과제로 인해 각국 정부는 지속가능성, 포용성, 장기적인 경제 성장을 촉진하는 공공재와 서비스에 더 많은 투자를 해야 할 것입니다.

이러한 과제를 해결하기 위해 각국 정부는 급격한 기술 변화와 글로벌 상호의존성 증가에 맞서 조세 제도를 효율적이고 공평하며 탄력적으로 운영해야 합니다. 이를 위해서는 과세 기반을 넓히고, 허점을 막고, 국제 조세 협력을 강화하기 위한 지속적인 노력과 환경세 및 기타 형태의 재정 수단과 같은 추가 세수 확보에 대한 혁신적인 접근 방식이 필요합니다.

궁극적으로 정부가 세금을 통해 공공재와 서비스에 자금을 조달할 수 있는 능력은 사회의 공동 복지에 기여하려는 시민의 의지에 달려 있습니다. 이를 위해서는 세금 준수와 시민 책임 문화를 조성하고 공공재와 서비스의 혜택이 모든 사회 구성원에게 널리 공유되고 접근 가능하도록 보장해야 합니다.

이러한 맥락에서 정부, 정책 입안자, 시민 모두가 인류의 역사를 형성하는 데 있어 세금이 얼마나 중요한 역할을 해왔으며 앞으로도 계속 중요한 역할을 할 것인지를 이해하는 것이 중요합니다. 과거로부터 배우고 앞으로 닥칠 도전을 예측함으로써 우리는 효율적이고 공평하며 우리 사회의 안녕과 번영에 필수적인 공공재와 서비스를 지원할 수 있는 조세 시스템을 구축하기 위해 함께 노력할 수 있습니다.

세금의 흥미로운 역사와 인류 사회를 형성하는 데 있어 세금의 역할을 계속 탐구하면서, 우리는 세금이 단순한 부담이나 필요악이 아니라 사회 통합, 경제 발전, 공동선을 촉진하는 강력한 도구라는 점을 기억해야 합니다. 이 중요한 역할을 인식하고 공정하고 효과적인 세금 시스템을 구축하기 위해 함께 노력함으로써 우리는 우리 자신과 다음 세대를 위한 더 밝은 미래를 보장할 수 있습니다.

29장 : 소득 불평등과 빈곤에 대한 세금의 역할

소득 불평등과 빈곤에 대한 세금의 영향은 수 세기 동안 논의와 논쟁의 주제였습니다. 사회가 진화하고 복잡해짐에 따라 조세의 역할은 단순히 지배 계층의 활동에 자금을 지원하는 것을 넘어 소득 격차를 해소하고 가장 취약한 시민을 위한 사회 안전망을 제공하는 것으로 확대되었습니다. 이 장에서는 세금, 소득 불평등, 빈곤의 관계와 관련된 역사적 맥락과 현대적 과제를 살펴봅니다.

문명 초기에 세금은 주로 지배층에 자금을 지원하고 사회 질서를 유지하는 데 사용되었습니다. 하지만 사회가 성장하고 상호 연결성이 높아지면서 세금의 목적이 바뀌었습니다. 이 분야에서 가장 중요한 발전 중 하나는 소득이 증가할수록 더 높은 세율로 세금을 부과하는 누진세 제도의 도입입니다. 이러한 과세 방식은 부유층에서 빈곤층으로 부를 재분배함으로써 소득 불평등을 완화하고 빈곤을 완화하는 데 도움이 되었습니다.

누진세의 개념은 기원전 6세기 솔론이 세제 개혁을 통해 보다 공평한 조세 제도의 토대를 마련한 고대 아테네로 거슬러 올라갈 수 있습니다. 현대에 이르러 19세기와 20세기에 소득세가 발전하면서 소득 불평등과 빈곤을 해결하기 위한 노력이 더욱 진전되었습니다. 정부는 사회복지 프로그램과 공공재에 대한 투자의 필요성을 인식하기 시작하면서 필요한 재원을 마련하기 위해 누진 소득세를 도입했습니다.

오늘날 세금과 소득 불평등 사이의 관계는 다면적이고 복잡합니다. 세금 정책은 누진세율을 통해 직접적으로 또는 공공재와 서비스 제공을 통해 간접적으로 부유층에서 빈곤층으로 부를 재분배하여 소득 불평등을 줄이도록 설계할 수 있습니다. 반대로 소비세와 같은 회귀적 세금은 저소득 가구에 불균형적인 부담을 지워 소득 불평등을 악화시킬 수 있습니다.

세금이 소득 불평등과 빈곤에 미치는 영향을 평가하려면 세금 정책의 직접적 효과와 간접적 효과를 모두 고려해야 합니다. 직접 효과에는 조세 제도의 진보성 또는 퇴행성이 포함되며, 이는 다양한 소득 그룹이 총 소득에서 차지하는 세금 비중을 비교하여 측정할 수 있습니다. 간접 효과에는 세금으로 재원을 조달한 공공 지출의 분배 효과와 세금 정책이 경제 성장과 일자리 창출에 미치는 영향이 포함됩니다.

경제학자와 정책 입안자들 사이에서 누진세제가 소득 불평등을 줄이고 빈곤을 완화하는 데 도움이 될 수 있다는 공감대가 확산되고 있습니다. 연구에 따르면 누진세제를 채택한 국가일수록 소득 불평등과 빈곤 수준이 낮고 사회적 이동성과 경제적 행복지수가 높은 경향이 있는 것으로 나타났습니다. 이는 누진세제를 통해 정부가 교육, 의료, 사회복지 프로그램과 같은 공공재와 서비스에 투자할 수 있기 때문이며, 이는 저소득 가구에 불균형적으로 혜택을 주고 모든 사회 구성원에게 공평한 경쟁의 장을 조성하는 데 도움이 됩니다.

그러나 세금 정책만으로는 소득 불평등과 빈곤 문제를 해결할 수 없다는 점을 인식하는 것도 중요합니다. 이러한 문제를 해결하려면 누진적 조세 정책뿐만 아니라 노동시장 개혁, 인적 자본에 대한 투자, 표적 사회복지 프로그램과 같은 다양한 보완 조치를 포함하는 포괄적인 접근 방식이 필요합니다. 또한 소득 불평등과 빈곤을 줄이는 데 있어 조세 정책의 효과는 광범위한 경제 및 정치적 맥락과 세법을 시행하고 집행하는 정부의 역량에 따라 달라집니다.

조세 정책이 소득 불평등과 빈곤에 미치는 영향을 보여주는 역사적 사례 중 하나는 프랑스 혁명입니다. 이 기간 동안 세금 제도는 매우 퇴행적이었으며, 귀족과 성직자들은 수많은 면세 혜택을 누리는 반면 가난한 사람들은 불균형적인 세금 부담을 부담했습니다. 이로 인한 사회적 불안과 경제적 혼란은 왕정 체제를 전복하고 보다 공평한 조세 제도를 확립하는 데 정점을 찍었습니다. 이러한 경험은 소득 불평등과 빈곤을 해결하는 데 있어 조세 정책의 중요성과 실패 시 발생할 수 있는 잠재적 결과를 강조합니다.

최근 수십 년 동안 세계화의 부상과 디지털 경제의 성장은 소득 불평등과 빈곤을 해결하기 위한 조세와 조세의 역할에 새로운 도전 과제를 제시했습니다. 다국적 기업과 부유한 개인이 조세피난처를 악용하고 탈세를 일삼으면서 조세 제도의 진보성이 약화되고 공공 지출에 사용할 수 있는 자원이 감소했습니다. 또한, 기술 변화의 빠른 속도로 인해 긱 경제가 등장하고 고숙련 근로자와 저숙련 근로자 간의 격차가 커지면서 소득 격차가 악화되고 정부가 효과적인 조세 정책 목표를 달성하기가 더욱 어려워졌습니다.

이러한 도전에 대응하기 위해 전 세계 정부는 소득 불평등을 줄이고 빈곤을 완화하기 위한 다양한 세제 개혁과 정책 이니셔티브를 실험하고 있습니다. 예를 들어, 일부 국가에서는 부유세와 상속세를 도입하여 사회에서 가장 부유한 계층의 부의 축적을 목표로 삼고 있습니다. 다른 국가들은 소비세의 역진적 효과를 상쇄하고 세계화와 기술 변화가 소득 분배에 미치는 부정적인 영향을 완화하기 위해 저소득 가구를 위한 세금 공제 및 보조금을 도입하거나 확대했습니다.

이 분야에서 유망한 정책 혁신 중 하나는 모든 시민에게 기본적 필요를 충족하기 위해 정기적이고 무조건적인 현금을 지급하는 보편적 기본소득(UBI)의 개념입니다. UBI는 그 자체로 조세 정책은 아니지만, 누진적 세제 개혁을 통해 재원을 마련하고 소득 불평등과 빈곤에 큰 영향을 미칠 수 있다는 점에서 조세 문제와 밀접한 관련이 있습니다. UBI 지지자들은 빈곤을 완화하고 소득 격차를 줄이며 점점 더 불안정해지는 긱 경제에서 근로자에게 보다 강력한 안전망을 제공하는 데 도움이 될 수 있다고 주장합니다.

이 장에서 살펴본 바와 같이, 소득 불평등과 빈곤에 대한 세금의 영향은 시간이 지남에 따라 진화해 왔으며 현대 사회에서 새로운 도전과 기회를 계속 제시하고 있는 복잡하고 다면적인 문제입니다. 누진세 제도는 소득 격차를 완화하고 사회복지 프로그램을 위한 재원을 마련하는 데 효과적인 것으로 입증되었지만, 다른 다양한 정책 수단으로 보완되어야 하며 변화하는 경제 및 정치 환경에 맞게 조정되어야 합니다. 역사의 교훈에서 배우고 혁신적인 정책 솔루션을 수용함으로써 정부는 조세의 힘을 활용하여 소득 평등을 증진하고 빈곤을 줄이며 보다 포용적이고 번영하는 사회를 구축할 수 있습니다.

30장 : 민주주의 사회와 세금

세금과 민주주의의 관계는 조세의 역사를 통틀어 핵심적인 주제였습니다. 세금은 공공재와 서비스에 필요한 재원을 제공하고, 사회 통합을 촉진하며, 시민이 정부에 책임을 물을 수 있도록 함으로써 민주 사회를 형성하는 데 중요한 역할을 해왔습니다. 이 장에서는 세금이 민주주의 발전에 영향을 미친 다양한 방식, 세금이 민주적 거버넌스에 제시하는 도전과 기회, 현대 사회에서 민주적 가치와 제도를 증진하는 데 있어 세금의 역할에 대해 살펴볼 것입니다.

세금과 민주주의의 관계를 보여주는 가장 초기의 사례 중 하나는 누진세 도입이 세계 최초의 민주주의의 부상에 기여한 고대 아테네로 거슬러 올라갈 수 있습니다. 아테네의 조세 제도는 부유한 시민이 소득의 더 많은 부분을 공공 사업, 국방 및 기타 공동의 필요를 위한 기금으로 기부하는 지불 능력의 원칙에 기초했습니다. 이러한 누진세 제도는 소득 격차를 줄이고 사회 통합을 촉진하는 데 도움이 되었으며, 훗날 서구 정치 사상을 정의하는 평등과 참여라는 민주적 이상에 대한 토대를 마련했습니다.

세금과 민주주의의 관계는 계몽주의 시대와 18세기 말과 19세기 초의 혁명 운동을 거치면서 더욱 강화되었습니다. 예를 들어, 미국 혁명은 부분적으로는 미국 식민지 주민들이 불공정하고 억압적인 것으로 인식한 영국의 조세 정책에 대한 반대에 의해 촉발되었습니다. "대표 없는 과세는 없다"는 유명한 외침은 세금 부과를 포함하여 시민의 삶에 영향을 미치는 결정에 대해 시민이 발언권을 가져야 한다는 민주주의의 기본 원칙을 강조한 것입니다.

미국과 프랑스 혁명의 여파로 현대 민주주의 국가가 발전하면서 보다 정교한 조세 제도가 확립되고 사회복지, 경제 발전, 정치적 안정을 도모하는 데 있어 세금의 중요성에 대한 인식이 커졌습니다. 19세기에 민주적 조세 제도의 핵심 요소로 등장한 누진 소득세는 부를 재분배하고 소득 불평등을 완화하며 교육, 의료, 사회 보장 등 공공재와 서비스의 확대에 필요한 재원을 조달하는 데 도움이 되었습니다.

현대 사회에서 민주 사회를 형성하는 데 있어 세금의 역할은 더욱 복잡하고 다면적으로 변했습니다. 한편으로 세금은 공공 지출에 필요한 재원을 제공하고 정부가 다양한 사회, 경제, 환경 문제를 해결할 수 있도록 함으로써 민주적 거버넌스의 생명선 역할을 계속하고 있습니다. 반면에 자본의 세계화와 조세피난처의 확산은 탈세와 조세 회피에 맞서 민주적 책임의 약화와 정부의 누진적 조세 체계 유지 능력에 대한 새로운 우려를 불러일으켰습니다.

또한, 기술 변화의 빠른 속도는 조세의 역할과 민주적 가치와 제도를 증진하는 데 있어 새로운 도전을 불러일으켰습니다. 예를 들어, 디지털 경제의 부상으로 다국적 기업과 고액

자산가에 대한 정부의 과세가 더욱 어려워지면서 조세 제도의 공정성과 진보성에 대한 우려가 커지고 있습니다. 동시에 자동화와 인공지능의 출현으로 일자리의 미래와 이러한 기술이 소득 분배, 사회복지, 민주적 거버넌스에 미치는 영향에 대한 중요한 질문이 제기되고 있습니다.

이러한 문제를 해결하고 세금이 민주 사회를 형성하는 데 계속해서 긍정적인 역할을 할 수 있도록 전 세계 정부는 다양한 세제 개혁과 정책 혁신을 모색하고 있습니다. 여기에는 세금의 허점을 메우고 탈세와 회피를 단속하려는 노력과 디지털 경제의 현실과 변화하는 업무의 특성을 더 잘 반영하기 위한 세금 시스템 업데이트 제안이 포함됩니다. 또한 일부 국가에서는 사회 안전망을 강화하고 소득 평등을 증진하기 위해 점진적인 세제 개혁을 통해 재원을 조달하는 보편적 기본소득 또는 기타 형태의 사회복지 프로그램 도입을 고려하고 있습니다.

맺음말

세금의 역사는 세금과 사회 사이의 복잡한 관계에 대한 귀중한 통찰력을 제공합니다. 초기 문명부터 현대 민주주의에 이르기까지 세금은 사회를 형성하고 안정을 도모하며 경제 성장을 촉진하는 데 중요한 역할을 해왔습니다. 지금까지 살펴본 바와 같이 세금은 중요한 공공재와 서비스에 자금을 지원하고, 소득 불평등과 빈곤을 해결하며, 민주적 제도를 지원하는 데 사용되어 왔습니다.

역사를 통틀어 다양한 세금 제도가 등장했으며, 각 제도마다 고유한 장단점이 있습니다. 이러한 제도를 살펴봄으로써 우리는 과세의 공정성, 투명성, 효율성의 중요성에 대한 귀중한 교훈을 배울 수 있습니다. 이러한 지식은 정책 입안자들이 급변하는 글로벌 환경이 제시하는 도전과 기회를 탐색하는 데 도움이 될 것입니다.

앞으로 조세제도의 미래는 의심할 여지 없이 기술의 발전, 세계 경제의 변화, 진화하는 사회적 가치의 영향을 받게 될 것입니다. 이러한 변화에 발맞춰 조세제도를 지속적으로 개선하고 조정하여 효과적이고 공평하며 공익을 지원할 수 있도록 해야할 것입니다.

마지막으로, 세금과 관련한 재미있는 역사이야기는 가장

흥미로운 주제는 아닐 수 있겠지만, 우리네 삶에 있어서 세금이 필수적인 요소라는 사실을 상기시켜 줍니다. 우리의 과거를 이해하고 미래를 구상함으로써 우리는 조세의 풍부한 유산을 계속 발전시키고 다음 세대를 위한 더 밝은 미래를 만드는데에 활용하여야 할 것입니다.

긴 글 읽어주신 독자분들께 진심으로 감사드리며, 가정에 평안과 행복이 가득하시길 기원합니다.

지은이 배재성